유대인은 언제 유대인이 되었는가

일러두기

1 이 책 본문의 성서 인용 부분은 원서의 일본어 성경 원문(일본성서협회의 〈성서협회공동역〉)을 우리말로 번역한 것입니다.

2 이 책에서 말하는 '히브리어 성서'는 일부를 제외하고, 도서명을 나타내는 겹낫표 혹은 겹화살괄호를 생략했습니다. 마찬가지로 창세기, 열왕기, 출이집트기 등과 같이 성서 속 책들도 도서명을 나타내는 겹낫표 혹은 겹화살괄호를 생략했습니다.

유대인은 언제 유대인이 되었는가

유대인의 탄생, 바빌론 유수에서 홀로코스트까지

하세가와 슈이치 지음

안혜은 옮김

유대인은 언제 유대인이 되었는가

발행일 2025년 7월 4일 초판 1쇄 발행
지은이 하세가와 슈이치
옮긴이 안혜은
발행인 강학경
발행처 시그마북스
마케팅 정제용
에디터 최연정, 최윤정, 양수진
디자인 김문배, 강경희, 정민애

등록번호 제10-965호
주소 서울특별시 영등포구 양평로 22길 21 선유도코오롱디지털타워 A402호
전자우편 sigmabooks@spress.co.kr
홈페이지 http://www.sigmabooks.co.kr
전화 (02) 2062-5288~9
팩시밀리 (02) 323-4197
ISBN 979-11-6862-375-0 (03900)

SEKAISHI NO LITERACY YUDAYAJIN WA, ITSU YUDAYAJIN NI NATTANOKA BABYLONIA HOSHU
© 2023 Hasegawa Shuichi
Originally published in Japan in 2023 by NHK Publishing, Inc.,TOKYO.
Korean translation rights arranged with NHK Publishing, Inc.,TOKYO,
through TOHAN CORPORATION, TOKYO and Enters Korea Co.,Ltd., SEOUL.

이 책의 한국어판 저작권은 (주)엔터스코리아를 통해 저작권자와 독점 계약한 시그마북스에 있습니다.
저작권법에 의하여 한국 내에서 보호를 받는 저작물이므로 무단전재와 무단복제를 금합니다.

파본은 구매하신 서점에서 교환해드립니다.

* 시그마북스는 (주)시그마프레스의 단행본 브랜드입니다.

바빌론 유수

기원전 597년 혹은 기원전 597~596년에
신바빌로니아 왕국의 느부갓네살 2세가 유다 왕국을 정복했을 때,
그 백성을 수도 바빌론으로 처음 강제 연행·이주시킨 사건

「바빌론 유수」, 제임스 티소(1896~1902년경, 뉴욕 유대박물관)

들어가며

유대인에게 박해의 역사가 있다는 것은 익히 알려져 있다. 그 대표적인 예가 나치의 홀로코스트다.

그렇다면 유대인은 왜 박해의 대상이 되었을까? 그들은 언제부터 존재했으며 어째서 전 세계에 뿔뿔이 흩어져 살았던 것일까? 그러한 박해 속에서 어떻게 정체성을 지킬 수 있었을까? 이 책은 그 질문에 답하고자 한다.

유대인의 정체성 형성은 '바빌론 유수'라는 사건과 깊은 관련이 있다. 여러분은 '바빌론'에서 무엇이 연상되는가? 중·고등학교 세계사 시간에 배운 '함무라비 왕', 그가 제정한 '함무라비 법전', 메소포타미아 문명, 상형문자, 지구라트('성탑'으로 번역되지만 그 기능은 알 수 없다) 등을 떠올릴 것이다.

이 책은 바빌론 유수가 발생한 과정과 그것이 동시대 및 후세에 미친 영향, 나아가 유대인의 정체성 형성에 미친 영향을 중점적으로 다룰 것이다. 비록 먼 옛날, 지구 반대편에서 일어난 사건이지만, 그것이 언제, 어디서, 어떻게 벌어졌으며 어떤 인물이 관련되어 있었는지를 자세히 살펴보고자 한다.

다만 이 사건은 고대에 일어났다는 것 외에 자세한 정보가 없으며 부정확한 부분도 많다. 사건을 재구성하려면 사료가 필요한데, 이때 가장 중요한 동시대 사료가 턱없이 부족하다.

바빌론 유수는 『히브리어 성서』에 기록되면서 우리에게 알려지게 되었다. '히브리어 성서'라는 표현이 어색한 독자도 있을 것이다. 본서에서 말하는 『히브리어 성서』는 기독교의 『구약성서』와 비슷하다고 이해하면 된다. 즉 유대교와 기독교의 경전이다. 유대인은 『신약성서』를 경전으로 인정하지 않으므로 그들의 유일한 성서는 대부분 히브리어 성서다. '구'라는 표현은 뒤떨어진 것이라는 어감이 있어, 여기서는 중립적 표현으로 '히브리어 성서'를 사용한다. 또 히브리어 성서의 내용을 주로 다루기 때문에 더욱 줄여서 '성서'라고도 할 것이다.

히브리어 성서에는 동시대 사료에서 파악할 수 없는 자세한 정보가 있다. 하지만 그 정보들이 역사적으로 정확한 정보인지는 판단하기 어려운 실정이다. 성서는 신문 기사와 달리(신문은 사건을 정확하게 전달한다는 전제하에), 사건을 정확하게 전달하는 데 주목적이 있지 않기 때문이다. 본문에서 자세히 다루겠지만, 때로는 성서의 정보에도 모순이 있다. 이는 바빌론 유수에 대한 기록에만 해당되는 것이 아니다.

성서의 저자(들)가 가장 중요하게 생각한 것은 그러한 일이 일어난 이유였다. 이유를 정확히 밝혀 교훈으로 삼고, 두 번 다시 같은 일을 겪지 않으려 한 것이다. 그 시대에는 인간의 이해를 초월한 사건은 물론이고, 인간이 직접 관여한 전쟁, 심지어 일상의 작은 일조차 신의 힘이 작용한다고 믿었다.

따라서 성서의 저자(들)가 나라와 민족의 흥망이 걸린, '바빌론 유수'라는 일대 사건에 신의 뜻이 있었다고 생각한 것은 당연했다. 그런 이유로 저자(들)에게는 사건 자체보다 그 속에 담긴 신의 뜻을 독자에게 전달하는 것이 훨씬 중요했다. 정확한 정보 전달은 부차적 문제였다.

사건에 대한 정보가 부정확할 때도 있고, 이치에 안 맞는 전승을 그대로 가져오거나, 신의 위대함을 강조하고자 사실을 과장하기도 했다. 역사가로서는 정말 골치 아픈 일이다.

본서는 사건에 관한 성서의 기록을 사료로 참고할 때(다른 사료도 마찬가지), 가급적 사료 비판한 것을 사용하고자 했으나 동시대 사료의 근거가 부족한 경우, 사건의 중요한 정보가 성서에 있다면 타당성을 판단하여 사건을 재구성하기도 했다. 이때 어느 사료에 근거한 것인지 명확히 밝히려 했다. 이를 통해 성서에도 역사적으로 신뢰할 수 있는 정보가 있다는 것을 알 수 있을 것이다.

그럼, 바빌론 유수가 어떤 사건이며 세계사에서 어떤 의미가 있는지 함께 알아보자.

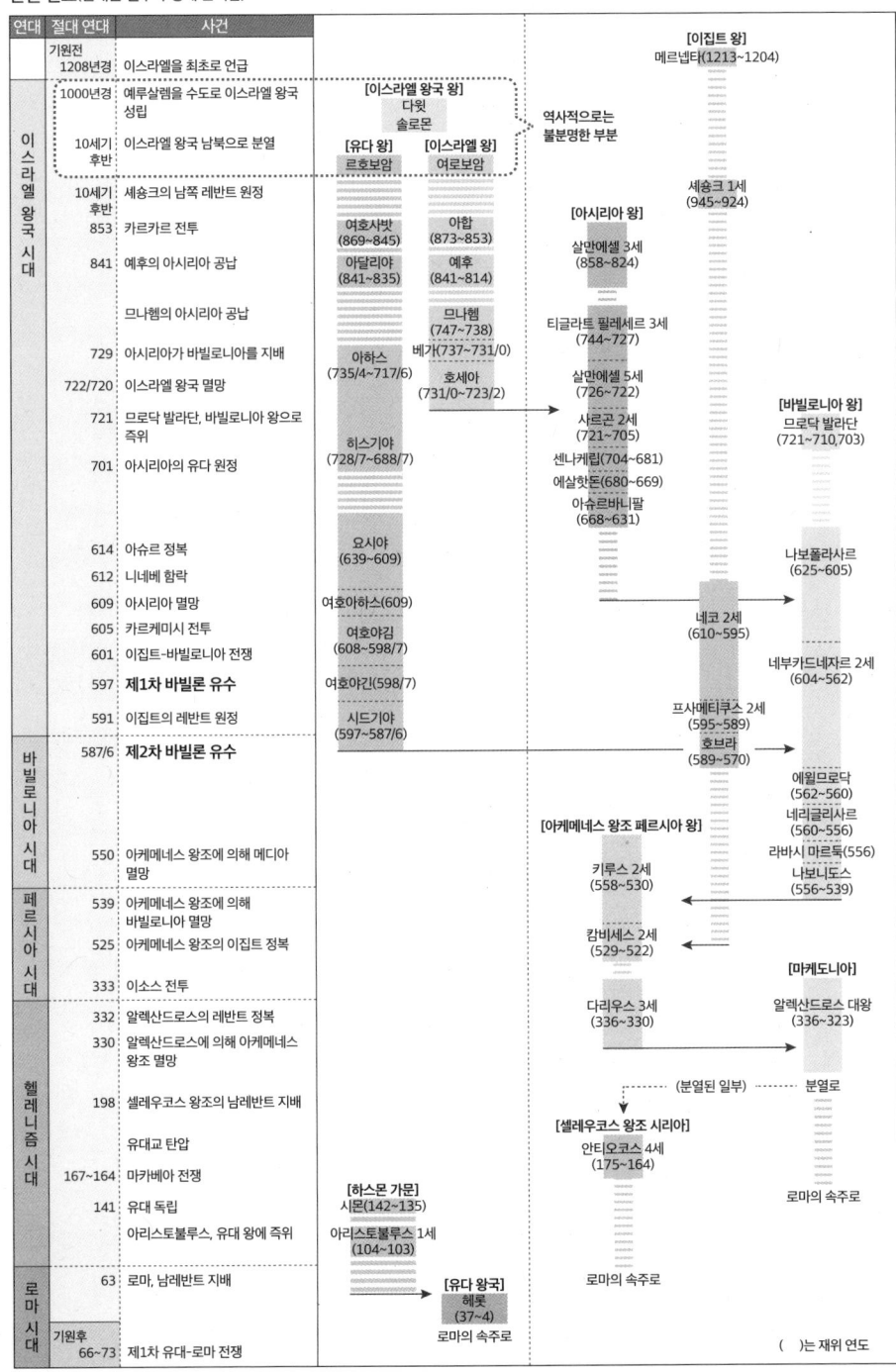

차례

들어가며 6

제1장 — 사건의 전모
유다 사람들은 왜 바빌로니아로 끌려갔는가?

유대인의 등장
유다 왕국의 '유다 사람'이 유대인으로 19

강제 이주
정복지의 주민들을 이주시킨 이유 21

신바빌로니아 왕국
아시리아로부터 독립한 후 바빌론을 탈환 26

바빌론 유수의 경위
두 거대 세력, 메소포타미아와 이집트에 휘둘려 34

제1차 바빌론 유수
끌려온 유다 사람들은 무엇을 했는가 43

시드기야의 반란
이집트에 지원군을 요청하고 반란을 계획했으나 55

제2차 바빌론 유수
시드기야의 두 눈을 뺀 다음 쇠사슬로 묶어서 61

예루살렘, 그 후
바빌로니아군은 성전을 파괴했는가 65

제 2 장 — 역사·종교적 배경
양대 세력 사이에서 휘둘린 이스라엘 왕국

문명의 교차로
이집트 문명과 메소포타미아 문명에 휘둘려 75

이스라엘 왕국 시대 이전
성경이 전하는 이스라엘 사람들의 창세 신화 77

이스라엘 왕국 시대
북이스라엘 왕국과 남유다 왕국 81

강대국들 사이에서
이집트 대신 세력을 확장한 아시리아 84

신들의 전쟁
북이스라엘 왕국은 신의 명령을 거역했다! 93

제 3 장 ── 동시대의 충격
『히브리어 성서』는 언제, 왜 집필되었는가?

끌려간 땅에서
어떻게 바빌로니아 문화에 동화되지 않았을까 105

야훼의 신상은 있었는가
우상숭배의 허무함을 경고한 히브리어 성서 114

야훼는 마르두크에게 패배했는가
바빌론 유수 시대에도 야훼 신앙은 굳건했다!? 122

성서에 반영된 바빌로니아 문화
바벨탑의 원조는 바빌론에 있었다! 126

야훼 성전을 둘러싸고
예루살렘 밖에 있던 야훼의 성전 135

율법의 형성
야훼를 숭배하는 자가 지켜야 할, 신의 명령 138

신학 사상의 발전
정체성을 유지하는 장치 141

유일신교의 모태
바빌론 유수 후 최초의 배타적 유일신교 사상 등장 146

제 4 장 ── 후세에 미친 영향
유대인은 왜 핍박당했는가?

포로 생활에서 귀환
왕이 필요 없는 체제를 마련하다　153

유대교의 성립
그리스식 문화에 저항한 시대　158

종말론과 기독교의 성립
유대교의 분파　165

히브리어 성서의 결정
세상 어디서든 그 책을 따라 살아간다　169

기독교 세계와 유대인
기독교인에게는 이질적이었던 유대교의 관습　173

근대 이후의 유대인 탄압
탄압의 원인은 정체성을 유지하는 체제!?　177

마치며　182
참고문헌　188

제 1 장

사건의 전모

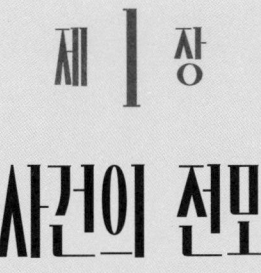

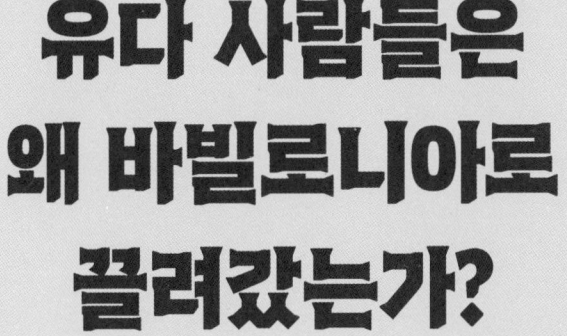

유다 사람들은
왜 바빌로니아로
끌려갔는가?

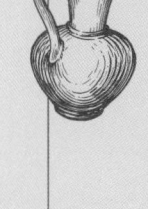
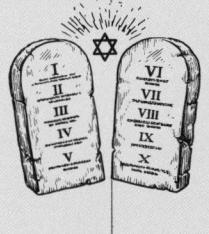

유대인의 등장

유다 왕국의 '유다 사람'이 유대인으로

유대인이 역사에 등장한 것은 언제일까. 역사를 거슬러 올라가 보자.

히브리어[1] 성서에 따르면 기원전 1000년경, 고대 서아시아에 유다 지파 출신 다윗이 왕국을 세우고 예루살렘에 수도를 두었다고 한다. 왕국이 공식적으로 섬기는 신은 야훼였다. 우리말 성서에는 '주'라고 번역되어 있다.

이 왕국은 기원전 10세기 후반, 다윗의 손자 대에 남북으로 분열되었다. 남쪽 왕국은 '남유다 왕국', 북쪽 왕국은 '북이스라엘 왕국'이었다. 참고로 '남'과 '북'은 우리가 편의상 붙인 명칭이다. 남쪽 왕국 사람들은 '유다 사람', 북쪽은 '이스라엘 사람'이라 불렀다.

예루살렘에 수도를 둔 남유다 왕국은 다윗의 자손들이 대대로 왕위에 오른 반면, 북이스라엘 왕국은 왕조가 자주 교체되었다. 양국은

---

[1] 히브리어: 아프리카-아시아어족 중 셈어족에 속하는 언어로 기원전 1000년기 남레반트(37쪽 참조)에서 사용되었다. 성서에 사용된 후 중세부터 근대까지 일상어로서는 쇠퇴했으나, 19세기 말 현대 히브리어로 부활했으며, 1948년 이스라엘이 건국되면서 공용어로 채택되었다.

모두 야훼를 숭배했다. 북이스라엘 왕국이 아시리아[2]에 멸망한 후에도 유다 왕국(구별이 불필요하므로 '남' 생략)은 100년 넘게 지속되었다.

두 왕국의 민족적 차이는 거의 없다고 해도 될 것이다. 맞춤법의 차이로 방언은 있었겠지만, 히브리어를 공통으로 사용했다.

유다 왕국이 바빌로니아에 멸망한 후 일부 거주민이 바빌로니아로 끌려갔다. 그들은 아케메네스 왕조 페르시아 시대[3]에 다시 돌아와 '예후드'라는 지역에 살며 고유의 관습을 지켜나갔다. 헬레니즘 시대[4]에는 이 지역을 '유대'라 칭했고 그곳의 거주민, 그리고 거주하지는 않지만 고유의 관습을 지키는 사람들도 '유대인'이라 칭하게 되었다. 따라서 헬레니즘 시대 이전, 예루살렘 인근에 거주하던 사람들을 '유대인'이라고 하는 것은 엄밀히 말해 옳지 않다.

유대인 중에는 바빌로니아 포로의 자손도 있고, 유다 땅에 남은 자

---

[2] 아시리아: 셈어족 아시리아인이 메소포타미아 북부 도시 아수르를 중심으로 세운 제국이다. 특히 기원전 10세기 말에 성립하여 기원전 612년에 멸망한 아시리아를 신아시리아라고 한다.

[3] 아케메네스 왕조 페르시아 시대: 일반적으로는 이란고원에서 기원전 550년에 성립하여 기원전 330년까지 존속한 페르시아 제국을 가리킨다. 그러나 이 책에서는 아케메네스 왕조가 남레반트 지역을 지배한 시기, 즉 기원전 539년~332년을 말한다. 아케메네스 왕조는 한때 인더스강 유역에서 서아시아와 이집트에 이르기까지 광대한 지역을 지배하며 전성기를 누렸다.

[4] 헬레니즘 시대: 마케도니아의 알렉산드로스 대왕이 아케메네스 왕조 페르시아를 멸망시킨 기원전 330년부터 프톨레마이오스 왕조 이집트가 멸망한 기원전 30년까지, 약 300년 동안의 시기를 말한다. 남레반트 지역에서는 기원전 332년~63년까지가 이에 해당한다.

들의 자손도 있었다. 또한 두 집단에 중간에서 합류하여 그들의 관습을 계승한 사람들도 있었다. '유대교'가 성립한 이후에는 출신과 관계없이 유대교로 개종한 사람들도 유대인이라 칭했다.

강제 이주

정복지의 주민들을 이주시킨 이유

전국에 사업체가 있는 기업에서는 전국 각지로 직원을 전근 보내는 경우가 있다. 이때 사정에 따라서는 가족이 함께 이사하기도 한다. 또한 지방에 새로운 지사가 설립되면 더 많은 직원이 가족과 함께 거주지를 옮긴다.

하지만 이것을 '강제 이주'라고 하지는 않는다. 사원은 회사와 고용 계약을 맺는다. 만약 지방으로 발령이 난 사원이 회사의 명령을 따르지 않으면 극단적인 경우, 회사는 고용 계약을 파기할 수 있다. 즉 해고되는 것이다. 물론 직원은 이후에 다른 회사로 얼마든지 이직할 수 있다. 이와 달리 강제 이주는 개인의 의사를 전혀 고려하지 않으며, 어떤 상황에서도 반드시 이주가 이루어진다. 본인의 의지와 상관없이, 이주를 거부할 선택권 자체가 없다.

현대 사회에서는 있을 수 없는 일이지만 역사적으로는 그다지 드문 일이 아니었다. 익히 알려진 대로 대항해 시대[5]에는 수많은 아프리카인을 노예로 부리기 위해 아메리카 대륙으로 이주시켰다. 일본에서는 야마토 조정에 복종한 에미시(도호쿠 지방과 홋카이도에 살면서 이민족으로 취급된 집단을 이르던 말-옮긴이)의 일부를 전국 각지로 이주시킨 예가 있다. 모두 개인의 의사에 따른 것이 아니므로 강제 이주라 할 수 있다.

강제 이주는 아주 먼 옛날부터 시작된 것으로 추정된다. 고대 서아시아에서는 메소포타미아 국가뿐 아니라 이집트와 히타이트[6]가 정복지의 많은 주민을 다른 지역으로 이주시켰다. 특히 강력하게 이 정책을 추진한 나라는 신아시리아 제국이었다. 기원전 8세기 후반, 아시리아 왕위에 오른 티글라트 필레세르 3세(재위 기원전 744~727년)는 정복한 땅의 주민들을 아시리아의 다른 지배 지역으로 강제 이주시켰다.

어째서 이 같은 정책을 펼쳤을까? 당시 사료가 부족해 단언할 수는 없지만, 학자들은 유력한 가설을 몇 가지 제기했다.

---

5 대항해 시대: 15~17세기, 스페인, 포르투갈을 중심으로 유럽인들이 잇따라 아시아, 아프리카, 아메리카 대륙으로 진출한 시대

6 히타이트: 기원전 17세기경 아나톨리아(현 튀르키예)에서 고도 문명을 구축한 인도-유럽어족 국가

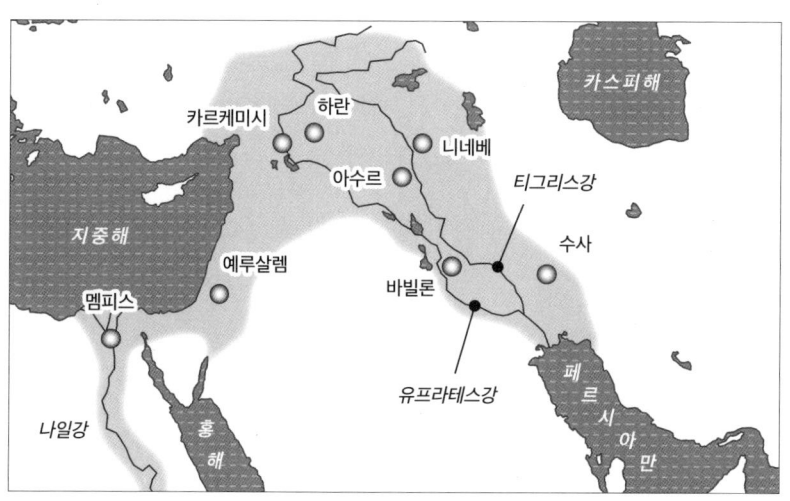

아시리아의 최대 영역(기원전 7세기)

첫째, 새로운 지배 지역에서 일어날 반란을 막으려는 목적이었다. 아시리아가 정복한 나라는 대부분 예전부터 아시리아의 종속국으로서 매년 공물을 바쳤다. 그러나 해마다 아시리아가 더 많은 양의 공물을 요구하자, 사람들은 견디다 못해 반기를 들었다. 아시리아는 이를 진압하고자 반란의 우두머리인 왕을 처형하고 주민 일부를 다른 지역으로 강제 이주시켰다. 그들 중에는 자신이 살던 땅을 정확히 알고 있는 사람이 있었기 때문에, 전쟁 시 지형을 이용한 게릴라전으로 아시리아를 곤경에 빠뜨릴 수도 있었다. 따라서 반란을 일으킨 사람들을 고향과 떨어뜨려 반란의 싹을 자른 것이다.

둘째, 반란을 일으킨 나라의 사람들을 아시리아 시민으로 만들기 위한 목적이었다. 일본 출신 이민자의 예를 들어보자. 19세기 말 이후, 많은 일본인이 미국으로 이주했다. 이주 1세대는 일본인이라는 자각을 갖고 언어와 문화를 지키는 동시에 미국 문화에 융화되기 위해 필사적으로 노력했다. 하지만 그다음 세대들은 일본계 미국인이라는 말이 무색하게도, 일본인으로서의 자각이 매우 희박하며 미국 내 다른 인종과 결혼하는 일도 많다. 현재 일본인 이민 사회의 주축을 이루는 4~5세대 중 일본어를 하는 사람들은 거의 없을 것이다. 오히려 그들 대부분은 자신을 미국인이라 생각하지 않을까.

아시리아는 광활한 영토에서 다양한 국적의 사람들을 지배하는 제국이었다. 대외적인 군사 활동이 활발하여 농업, 수공업에 종사하며 제국에 필요한 물자를 생산할 노동자가 필요했고, 전쟁터에 나갈 병사도 필요했다. 실제로 아시리아군 중에 본국의 전통 복장으로 전쟁터에 나가는 모습이 묘사된 병사도 있다. 자신을 아시리아 시민으로 여기지 않는 집단은 언제 배신할지 모를 일이다. 강제 이주는 이런 일을 방지하고자, 정복민들을 하루빨리 고향과 분리하여 아시리아 시민으로 자각하게 하려는 정책이었다.

그런데 최근 연구에 의하면 아시리아는 그들을 복종시키되, 집단의

아시리아를 전성기로 이끈 아슈르바니팔 왕이 사자 사냥을 하는 모습을 새긴 부조(대영박물관 소장)

결속력을 강화하고 서로 경쟁을 촉진하여 이익을 추구했다고 한다. 그렇다면 각 집단을 동질화하고 귀속 의식을 없앤다는 목적은 의외로 없었을지도 모르겠다.

어쨌든 강제 이주 정책은 아시리아 제국에 매우 효과적이었다. 아시리아를 멸망시키고 서아시아의 패권을 손에 넣은 신바빌로니아 왕국도 이 정책을 계승한 것으로 보인다. 이번에는 신바빌로니아 왕국에 대해 자세히 알아보자.

신바빌로니아 왕국

아시리아로부터 독립한 후 바빌론을 탈환

오늘날 이라크를 흐르는 두 개의 강, 티그리스강과 유프라테스강 사이의 지역을 메소포타미아라고 한다. 바빌로니아는 메소포타미아 남부에 있으며 중심도시는 바빌론이었다.

기원전 18세기, 함무라비 법전[7]으로 잘 알려진 함무라비 왕(재위 기원전 1792~1750년)은 바빌론의 왕으로서 이 일대를 지배했다. 그 후 바빌론은 메소포타미아의 정치, 종교, 문화의 중심지로서 정치 세력이 별로 강하지 않았던 시대에도 서아시아 국가들이 인정하는 영향력 있는 존재가 되었다.

일본의 교토는 헤이안 시대부터 메이지 시대까지 일왕이 살았던 도시로서 독자적인 역사와 문화, 전통을 자랑한다. 가마쿠라 시대와 에도 시대에는 정치적 중심지가 아니었으나 일왕이 거하는 도시로서 특별한 위치를 유지했다. 교토는 지금도 많은 사람을 매료시키는 역사,

---

7 함무라비 법전: 기원전 18세기 바빌론 제1왕조의 함무라비 왕이 제정한 법전이다. 높이 2.25미터 석비에 설형 문자를 이용하여 아카드어로 새겨져 있다. 형법, 민법, 상법 등 총 282조로 이루어져 있으며 '눈에는 눈'이라는 동해 보복법을 성문화한 것으로 유명하다.

함무라비 법전

함무라비 왕 시대의 바빌로니아

문화 도시로 자리매김하고 있다. 그런 의미에서 바빌론은 일본의 옛 수도 교토와 닮은 점이 많다.

기원전 9세기, 세력을 넓히며 북메소포타미아의 패권을 손에 넣은 아시리아도 남메소포타미아의 이웃 나라 바빌로니아를 특별하게 여겼던 것 같다. 그 당시 바빌로니아의 지배층은 칼데아인들로 이루어져 있었는데, 그들은 원래 외지인이었다.

기원전 2000년기 말, 아람인 집단이 시리아 사막을 통해 시리아와 메소포타미아 지역으로 침입한 뒤 각지에 정착했다. 그들의 침입으로 이 일대는 한동안 정치적 혼란을 겪었다. 아시리아, 바빌로니아와 같은 강대국도 예외는 아니었으며 그로 인해 당시 상황을 기록한 동시대 사료들 중 상당수가 소실되었다.

칼데아인이 아람인의 일파인지는 확실하지 않지만, 기원전 878년 아시리아 문헌에 그들의 이름이 등장하는 것으로 볼 때, 기원전 1000년기 초 아람인과 함께 이 지역에 진출한 것으로 추정된다. 그들은 남메소포타미아에 정착하여 부족 중심의 사회를 유지했으며 이름을 바빌로니아식으로 짓는 등, 기원전 8세기경까지 바빌로니아화가 진행된 것으로 보인다. 몽골(원)과 여진(청)이 중국을 지배하면서 중국의 전통문화를 부분적으로 수용한 것과 비슷하다.

석비에 새겨진 므로닥 발라단 2세(좌)

　기원전 8세기 후반, 바빌로니아 왕위에 오른 므로닥 발라단 2세(재위 기원전 721~710, 703년)는 이 칼데아인의 세 유력 부족 중 하나인 비트야킨 출신이었다. 바빌로니아는 아시리아의 왕 티글라트 필레세르 3세가 통치하던 시대에 그 지배하에 들어갔다. 티글라트 필레세르 3세는 아시리아 왕과 바빌로니아 왕을 겸했는데, 그가 사망한 후 므로닥 발라단이 바빌로니아 남부를 중심으로 반란을 일으키고 기원전 721년 스스로 바빌로니아 왕위에 올랐다.

　므로닥 발라단의 이름은 성서에 기록되면서 오늘날 알려지게 되었다. 아카드어[8] 문서에는 "마르두크 아플라 이디나"라고 적혀 있는데 이는 '마르두크 신[9]이 후계자를 주셨다'라는 뜻이다. 이 이름은 히브리어로 성서에 실리면서 발음이 변형되었다.

성서의 열왕기[10]에 따르면 바빌로니아 왕 므로닥 발라단은 유다 왕 히스기야(재위 기원전 728/7~688/7년)에게 편지와 예물을 보냈다(열왕기하 20:12). 아시리아가 바빌로니아의 반란을 진압하려 하자, 므로닥 발라단은 다른 나라와 연합하여 이에 대항했다. 열왕기의 내용이 역사적 사실이라면 메소포타미아에서 서쪽 멀리 유다까지 사신을 보낸 것도 이러한 움직임과 관련이 있다고 볼 수 있다.

하지만 이후 므로닥 발라단은 아시리아 왕 사르곤 2세(재위 기원전 721~705년)가 바빌로니아로 원정하자 외국으로 도망친다. 사르곤 2세가 죽은 후 왕위를 되찾지만, 그 뒤를 이은 센나케립(재위 기원전 704~681년)에 의해 다시 쫓겨난다.

---

8 아카드어: 고대 메소포타미아에서 사용된 셈어족 언어로, 주로 설형 문자로 표기했으며 기원전 1세기경까지 사용되었다.

9 마르두크 신: 바빌로니아에서 숭배한 바빌론의 수호신

10 열왕기: 『히브리어 성서』에서 전기 예언서 중 하나(171쪽 표 참조)이다. 상하권 중 상권은 22장, 하권은 25장으로 이루어진 역사서이다. 이스라엘 왕국의 왕 다윗의 말년과 솔로몬 왕의 통치, 남북으로 분열된 유다 왕국과 이스라엘 왕국, 바빌론 유수에 관한 내용을 담고 있다.

마르두크 신

이후에도 아시리아에 대한 바빌로니아의 저항은 계속되었다. 기원전 631년, 신아시리아 제국의 왕 아슈르바니팔(재위 기원전 668~631년)이 사망한 후, 나보폴라사르(재위 기원전 625~605년)가 아시리아에서 독립, 바빌로니아의 왕위에 올라 아시리아로부터 바빌론을 탈환했다. 일반적으로 나보폴라사르의 즉위를 신바빌로니아 왕국의 시작으로 본다. 아시리아는 아슈르바니팔이 사망한 후 상속 분쟁 등으로 급속히 쇠퇴했고, 결국 바빌로니아의 반란을 진압하는 데 실패한다. 나보폴라사르는 그 틈을 타서 바빌로니아 도시들을 차례로 손에 넣었다.

나보폴라사르는 아시리아를 바빌로니아에서 추방하고 기원전 615년, 아시리아의 고도 아수르를 공격한다. 이때 아수르는 함락되지 않았으나 기원전 614년 이란고원으로 침입한 메디아[11]에 의해 정복당한다. 그러자 나보폴라사르는 메디아와 동맹을 맺고 아시리아의 수도 니네베를 함락시킨다. 기원전 612년의 일이다.

이후 아시리아는 서방 거점 도시 하란으로 후퇴하여 기원전 609년까지 계속 저항했으나 니네베가 함락되면서 사실상 멸망한다.

아시리아 멸망 후, 광활했던 바빌로니아의 지배 영역은 북아프리카의 이집트, 아나톨리아의 리디아[12], 이란고원의 메디아, 메소포타미아의 바빌로니아가 각각 차지하며 패권 다툼에 돌입한다. 특히 바빌로니아와 격렬하게 대립한 것은 아시리아의 잔존 세력과 결탁한 이집트였다. 기원전 605년 이집트 왕 네코 2세(재위 기원전 610~595년, 열왕기하와 예레미야에서는 '느고'로 등장)는 유프라테스강 근처 카르케미시에서 나보폴라사르의 아들 네부카드네자르와 교전을 벌였으나 바빌로니아의 승리

---

11 메디아: 기원전 8세기 말 이란고원에 세워진 왕국이다. 아시리아를 멸망시키고 영토를 확장했으나 기원전 550년 아케메네스 왕조 페르시아의 키루스 2세에 의해 멸망했다.

12 리디아: 기원전 7세기경 아나톨리아에 세워진 왕국이다. 기원전 546년, 아케메네스 왕조 페르시아의 키루스 2세에 의해 멸망했다.

아시리아 멸망 후 패권 싸움

로 끝난다. 이 일은 성서에도 기록되어 있다(네부카드네자르의 이름은 '느부갓네살'로 표기).

> 이것은 이집트, 즉 유프라테스강 근처의 갈그미스에 있던 이집트의 왕 바로 느고의 군대에 대한 말씀이다. 요시야의 아들이자 유다의 왕 여호야김은 치세 4년째 되던 해에 바빌로니아 왕 느부갓네살에 격파당했다.
>
> (예레미야서[13] 46:2)

---

[13] 예레미야서: 『히브리어 성서』의 후기 예언서에서 '3 대예언서'(171쪽 표 참조) 중 하나이다. 유다 왕국이 멸망(기원전 587/6년)할 무렵 활동한 예언자 예레미야에 관한 내용이 총 52장에 걸쳐 기록되어 있다.

전쟁이 한창일 때 나보폴라사르가 급사하자, 네부카드네자르는 바빌론으로 돌아가 네부카드네자르 2세(재위 기원전 604~562년)로 즉위했다. 이 책의 주제인 '바빌론 유수'는 이 네부카드네자르 2세가 통치하던 시대에 일어난 사건이다.

바빌론 유수의 경위

두 거대 세력, 메소포타미아와 이집트에 휘둘려

이 책의 주제인 'Babylonian Captivity'는 보통 '바빌론 유수'라고 한다. 14세기에 로마 가톨릭 교황의 거처를 프랑스 남부 아비뇽으로 이전한 사건(1309~1377년)도 여기에 비유해 '교황의 바빌론 유수'(국내에서는 일반적으로 '아비뇽 유수'라고 한다-옮긴이)라고 한다. 바빌로니아는 나라 이름이며 바빌론은 도시 이름이다. 바빌론 유수라 하면 사람들이 바빌론으로만 끌려간 것처럼 들리지만, 실제로는 바빌로니아 전역에 걸쳐 강제 이주가 실행되었다. 바빌론 이외 지역에 포로들이 살았다는 사실은 3장에서 다룰 '알 야후드 문서'라는 사료에서 증명된다. 이러한 이유로 이 책에서는 '바빌론 유수'라는 표현을 사용한다.

일부 복원된 고대 바빌론 유적(이라크 힐라)

대부분은 바빌론 유수가 기원전 587년의 일로 기록되어 있을 것이다. 사실 이 사건은 최소 두 차례에 걸쳐 일어났으며 기원전 587년에 일어난 것은 제2차 유수에 해당한다. 하지만 이 사실은 거의 알려지지 않았다. 그러므로 먼저 제1차 유수가 일어나게 된 경위에 대해 알아보고자 한다.

기원전 9세기 이후, 북이스라엘 왕국과 남유다 왕국은 모두 강력한 메소포타미아 세력의 영향력에 휘둘리게 된다. 북메소포타미아에 거점을 둔 아시리아 제국은 기원전 9세기부터 멸망한 기원전 7세기 말까지 아시아 전역에서 패권을 확립했다. 이스라엘, 유다 같은 소국은 아시리아에 복종하며 해마다 공물을 바쳤다. 이를 거역하게 되면 아시리아는 나라를 멸했고 주민들을 강제로 잡아간 후 그 지배 영역을 아시리아에 병합했다. 북이스라엘 왕국도 반란을 일으켰다가 아시리아에 멸망 당하고 병합된 것이다.

메소포타미아 세력 외에 고대 서아시아에서 세력이 강했던 나라는 서쪽의 대국 이집트였다. 지리상으로는 북아프리카지만 이집트는 레반트[14]와 밀접한 관계를 맺으며 큰 영향을 미쳤다.

우리가 보통 '팔레스타인'이라 칭하는 지역을 이 책에서는 '남레반트'라고 하기로 한다. 그 이유는 팔레스타인이라는 호칭이 정치적 문맥으로 사용되는 일이 많기 때문이다. 팔레스타인을 지역명으로 사용하면, 주로 현재의 이스라엘, 팔레스타인 자치구 영역과 겹치며 때로는 요르단 일부가 포함되기도 한다. 그러면 의도와 관계없이 이 영역을 전부 미래의 팔레스타인 국가의 지배 영역으로 간주하려는 정치적 의도가 있는 것으로 해석될 수 있다. 반대로 이 땅을 이스라엘이라 하면, 이 영역 전부를 이스라엘로 간주하는 것처럼 보일 수 있다. 이러한 이유로 오늘날 많은 연구자가 '남레반트'라는 더욱 중립적인 용어를 사용한다. 이 지리적 개념이 가리키는 범위도 각자 다르지만, 이 책에서

---

14 레반트: 지중해 동부 연안 지방으로 지금의 시리아, 레바논, 요르단, 이스라엘, 팔레스타인 자치구를 가리킨다.

레반트

는 일반적으로 인식하는 지리적 공간으로서의 팔레스타인을 가리킬 때 사용한다.

기원전 2000년기는 이집트가 남레반트 도시국가들을 사실상 지배한 시대였다. 그러나 기원전 1000년기경에는 세력이 쇠퇴하여 남레반트에 미치는 영향력도 미미해졌다. 기원전 1000년기 이후 이스라엘, 유다 등 소왕국이 잇따라 등장한 것도 이집트가 쇠퇴했기 때문이다.

그러나 이집트는 남레반트를, 자국 인근에서 점차 세력을 확장해오던 메소포타미아를 견제하기 위한 일종의 완충 지대로 여긴 것으로 보인다. 따라서 이집트는 남레반트를 직접 지배하지는 않았지만, 어느 정도 영향력을 행사하고 있었다. 이 지역의 소국이 아시리아와 바빌로니아에 반란을 일으키면, 이를 뒤에서 지원하는 식이었다. 이와 비슷한 구도는 근현대 세계에서도 볼 수 있다. 초강대국이 전쟁에 직접 참전하지는 않지만, 무기를 제공하고 때때로 군사개입을 하는 식으로 대리전을 하는 것이 그 예이다.

한편 기원전 7세기 에사르하돈(재위 기원전 680~669년) 시대의 아시리아는 이집트를 지배할 만큼 거대한 세력을 자랑했으나, 같은 세기 후반에는 왕위 계승을 둘러싼 내분으로 세력이 쇠퇴한다. 그때 왕위에 오른 유다 왕국 요시야 왕(재위 기원전 639~609년)은 기회를 놓치지 않고 세력 확대를 도모한 듯하다. 성서 열왕기하 23:29 내용을 살펴보자.

> 요시야 치세에 이집트의 왕 바로 느고가 앗시리아 왕을 향하여 유프라테스강 쪽으로 올라갔다. 요시야 왕이 그를 맞아 싸우러 나섰으나, 바로 느고는 므깃도에서 그를 발견하고 죽였다.

앞의 구절은 일본 성서협회공동번역을 인용한 것인데, 이 내용대로라면 당시 상황을 오해할 우려가 있다. 이 구절에는 바빌로니아에 대한 언급이 없지만, 앞서 설명한 바와 같이 당시 아시리아는 바빌로니아의 공격으로 본거지를 잃었고, 잔존 세력은 이집트와 연합하고 있었다. 따라서 이 내용은 기원전 609년 아시리아 잔존 세력이 수도를 북레반트의 하란으로 옮긴 뒤 바빌로니아군에게 포위되었을 때, 이집트군이 그들을 구하러 간 사건과 관련이 있다고 해석할 수 있다.

이러한 시대 상황을 고려하면, 이집트 왕 네코 2세(느고 왕)가 '아시리아 왕을 향해 올라간' 이유는 그를 구하기 위해서였다고 볼 수 있다. 일본의 성서는 "향하여"라고 번역했는데, 여기 사용된 히브리어 전치사를 보면 네코 2세와 아시리아 왕 사이에 적대 관계가 성립하지 않는다. 적어도 이 기록이 작성된 시점에서는 그러한 의미가 없었던 것으로 보이며, 시대 상황상 네코 2세는 아시리아 왕을 구하려 한 것이 확실하다.

또한 "요시야 왕이 그를 맞아 싸우러 나섰으나"에서 '싸우러'는 추가된 표현이다. 원문에는 '그를 향하여'라고만 되어 있다. 요시야가 이집트와 적대 관계였다면 당시 유다는 바빌로니아와 동맹 관계였겠지만, 이를 증명할 사료가 없다(다만 요시야가 바빌로니아와 몰래 내통했을 가능성은 높다). 요컨대 동시대 사료에 나타난 역사적 배경을 고려하면 요시야가 이집트 왕 네코 2세와 싸우는 상황은 가정하기 어려운 것이다. 또한 둘의 전투 장면도 구체적 묘사 없이 네코 2세가 요시야를 죽인 사실만 언급되어 있다. 참고로 "그를 발견하고"에 해당하는 문장을 직역하면 '그를 봤을 때' 또는 '그를 만났을 때'이다.

그렇다면 실제로는 어떤 상황이었을까. 아시리아가 쇠퇴한 후 유다 왕국을 비롯한 남레반트는 이집트 세력 밑으로 들어갔을 것이다. 네코 2세가 아시리아를 지원하러 간 곳에서 속국의 왕 요시야는 자신의 주군과 처음으로 만난 것 같다. 만남의 이유는 불확실하지만, 반란의 기미를 느낀 네코 2세가 요시야를 불러냈거나 요시야에게 종군을 명령

율법을 듣는 요시야(1860년의 목판화)

했을 것이다. 바빌로니아와 전쟁을 벌이는 동안 요시야가 바빌로니아 쪽에 붙어 자신을 공격할까 봐 두려웠을지도 모른다. 요시야는 네코 2세와 싸워서 죽은 것이 아니라 반란 혐의로 처형됐다고 가정하면 이야기의 앞뒤가 맞는다.

요시야 대신 그의 아들 여호아하스(재위 기원전 609년)가 유다 왕이 되지만, 네코 2세는 3개월 후 그를 폐위시키고 요시야의 또 다른 아들 여호야김(재위 기원전 608~598/7년)을 왕위에 올린다(열왕기하 23:30, 33~35). 이집트의 괴뢰 왕권이다. 여호야김 치세에 바빌로니아 왕 네부카드네자르가 예루살렘을 공격하자 여호야김은 이에 항복하고 바빌로니아에 복종한다(열왕기하 24:1). 기원전 601년, 바빌로니아군은 네코 2세가 이끄는 이집트군과 다시 전투를 벌인다. 정확한 장소는 알 수 없으나 이때는 양측 모두 많은 희생자가 나온 듯하며 이듬해 네부카드네자르는 원정에 나서지 않는다.

그러나 여호야김은 3년 후 바빌로니아에 반기를 든다. 기원전 599년, 네부카드네자르는 레반트 지역으로 3년 동안 원정을 떠났다가 기원전 601년, 이집트와 전투를 치른다. 이 전투로 바빌로니아의 세력이 쇠퇴했다고 판단한 인근 나라들은 반란을 일으켰고, 이는 여호야김이 바빌로니아의 지배에서 벗어나려는 계기가 된 것으로 보인다.

「예루살렘의 파괴를 슬퍼하는 예레미야」, 렘브란트 판 레인 작(1630년, 암스테르담국립미술관 소장)

바빌로니아 측이 이러한 반란을 진압하고자 예루살렘에 군을 보냈다고 기록되어 있다(열왕기하 24:2). 여호야김은 사망한 것으로 추정되나 사인은 성서에 나와 있지 않다. 다만 예레미야서에는 그에 대한 예언이 실려있다. "그는 나귀처럼 묻힐 것이다. 그는 끌려가 예루살렘 문밖에 버려질 것이다"(22:19), "여호야김의 시체는 버려져 낮에는 햇빛을 받고, 밤에는 서리를 맞을 것이다"(36:30)라는 구절이다. 예레미야는 그 당시 유다 왕국에서 활동한 예언자로, 왕과 백성들에게 바빌로니아에 항복할 것을 끈질기게 설득했다. 이 예언이 실제로 있었던 일인지는 알 길이 없다. 예언이 실현되지 않은 채 내용만 실렸을 수도 있다. 한편 당시 유다 왕국은 친바빌로니아파와 친이집트파로 나뉘어 대립했기 때문에 여호야김이 전자에 암살되었을 가능성도 높다.

제1차 바빌론 유수

끌려온 유다 사람들은 무엇을 했는가

여호야김을 대신해 왕위에 오른 것은 그의 아들 여호야긴(재위 기원전 598/7년)이었다(열왕기하 24:6). 열왕기하 24:10~11에 따르면, 네부카드네자르는 여호야긴이 왕위에 오른 직후 신하들에게 명하여 예루살렘을 포위했고 이후 자신도 합류했다. 여호야긴은 이내 항복했고 "어머니, 신하, 고관, 내시[15]들과 함께 바빌론 왕에게" 투항했다(열왕기하 24:12). 여호야긴의 치세가 겨우 3개월에 불과하다는 기록(열왕기하 24:8)을 보면, 여호야김과 여호야긴 치세 동안 실시된 바빌로니아군의 예루살렘 포위가 각각 다른 사건인지, 아니면 장기간에 걸친 하나의 사건인지 성서만으로는 판단하기 어렵다.

예루살렘을 점령한 바빌로니아군은 주민이었던 유다 사람들을 포로로 잡아 바빌로니아로 연행했다. 이것이 제1차 바빌론 유수다. 다음에 나오는 열왕기하 24장을 통해 자세히 살펴보자.

> 바빌론 왕은 주의 성전과 왕궁의 보물들을 모두 실어 갔고, 이스라엘 왕 솔로몬이 주의 성소를 위해 금으로 만든 물건들을 모조리 산산 조각냈다. 주께서 말씀하신 대로였다. 그는 예루살렘의 모든 주민과 고관, 용사 만 명과 모든 기술자, 대장장이를 잡아갔다. 그 땅에는 가난한 자들만 남게 되었다. 여호야긴 왕과 그의 어

---

15 내시: 궁정 및 귀족의 시중을 드는 거세한 남성

바빌론 유수

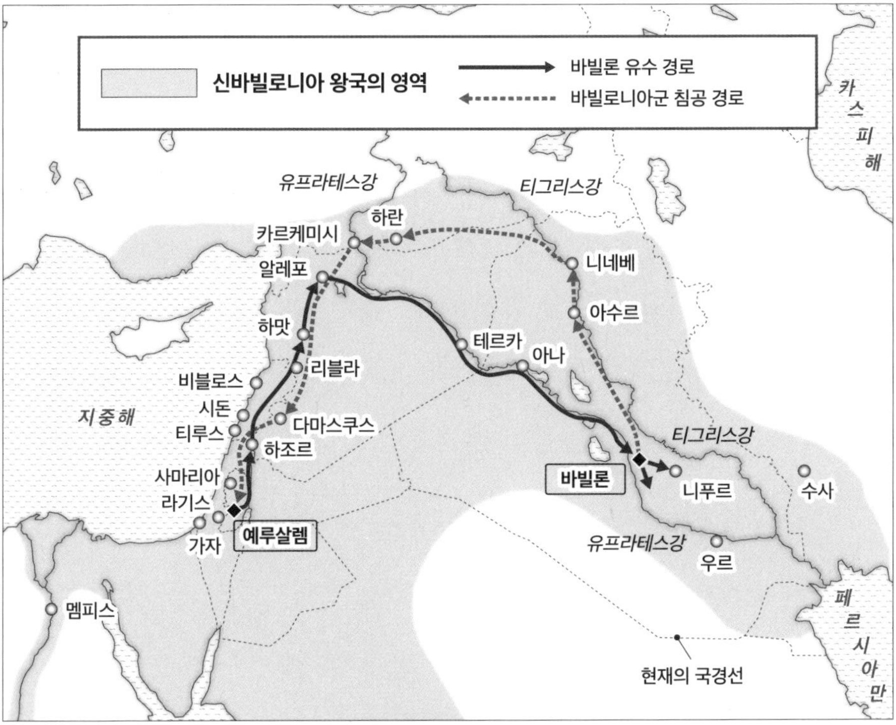

「추방을 슬퍼하는 유대인 가족」, 에드워드 벤더만 작(1832년)

머니, 아내들, 내시와 고관들도 모두 예루살렘에서 바빌론으로 잡아갔다. 또 바빌론 왕은 고관 7천 명, 기술자와 대장장이 천 명, 전투 요원인 병사를 모조리 바빌론으로 잡아갔다. 바빌론 왕은 여호야긴 대신 삼촌 맛다니야를 왕으로 삼고 그의 이름을 시드기야로 고쳤다.

(열왕기하 24:13~17)

이 내용을 보면 포로 정보가 중복될뿐더러 모순이 있다. 먼저 "예루살렘의 모든 주민과 고관, 용사 만 명과 모든 기술자, 대장장이를 잡아갔다. 그 땅에는 가난한 자들만 남게 되었다"(14절)라고 했는데 그 뒤에 "또 바빌론 왕은 고관 7천 명, 기술자와 대장장이 천 명, 전투 요원인 병사를 모조리 바빌론으로 잡아갔다"(15~16절)라고 되어 있다. 과연 어떤 정보가 맞는 것일까? 사실 모두 틀린 정보는 아닐까?

인원수를 어림수로 표시한 것은 이 정보들이 정확하지 않다는 것을 시사한다. 그래서 대부분의 연구자는 14절의 정보가 후대에 추가되었다고 판단했다. 다음은 예레미야서에 언급된 바빌로니아 유수에 대한 내용이다.

느부갓네살이 잡아간 포로의 수는 다음과 같다. 제7년에는 유다 사람 3,023명, 치세 제18년에는 예루살렘에서 832명을 잡아갔다. 치세 제23년에는 근위대장 느부사라단이 유다 사람 745명을 잡아갔다. 모두 4,600명이다.

(예레미야서 52:28~30)

여기에는 총 3차에 걸친 강제 연행의 인원수가 각각 기록되어 있다. "제7년"은 느부갓네살(네부카드네자르) 치세 7년째를 의미한다. 그의 즉위년이 기원전 605년이므로 제7년은 기원전 599년에 해당한다. 다만 즉위한 해는 만 1년이 채 되지 않았기 때문에, 이듬해부터 치세 연수를 계산하는 즉위년 방식이 적용되었을 가능성도 있다. 그렇다면 기원전 605년은 즉위년으로 치세 0년, 기원전 604년이 치세 원년, 치세 제7년은 기원전 598년이 된다. 바빌로니아력은 봄(3월/4월에 해당)부터 시작되므로, 서력으로 환산하면 치세 제7년은 기원전 598~597년에 걸쳐 있게 된다.

이 부분은 고대 히브리어의 그리스어 번역판[16]에는 없는 내용이다.

---

16 그리스어 번역판: 『히브리어 성서』 원전은 주로 히브리어로 기록되었으며, 기원전 3세기 중반~기원전 1세기경까지 그리스어로 번역되었다. 이 그리스어 번역판을 『70인역 성서』라고 한다.

그래서 후대에 추가된 것으로 보는 연구자도 많다. 성서에 담긴 이야기들은 모두 한 시대, 한 인물이 기록한 것이 아니라 오랜 세월 수없이 많은 사람의 손을 거쳐 만들어졌다. 따라서 역사를 이해하기 위한 1차 사료로 사용할 때는 세심한 주의가 필요하다.

결국 열왕기와 예레미야서를 통해 확실히 알 수 있는 것은, 바빌로니아가 제1차 예루살렘 정복 당시 일부 포로들을 연행했다는 사실뿐이다. 성서만 가지고 정확한 인원수를 확인하는 것은 불가능하다. 이번에는 바빌로니아 측의 기록을 살펴보자. 현존하는 사료로는 『바빌로니아 역대기』라는 편년체 연대기가 있다. 수십 개의 점토판에 설형 문자로 기록되어 있으며, 기원전 8세기부터 기원전 1세기까지의 바빌론과 그 인근 지역에서 일어난 일들을 단편적으로 알 수 있다.

> [치세] 제7년. 키스림의 달(아홉 번째 달)에 아카드 왕(네부카드네자르)은 그의 군대를 소집하여 하트의 땅으로 원정을 떠났다. 유다의 도시(예루살렘)에 진을 치고, 아달의 달(열두 번째 달) 2일에 도시를 점령한 후 왕을 포로로 잡았다. 그 후 그 도시에서 자신이 선택한 왕을 임명하고, 바빌론으로 많은 공물을 가져갔다.

여호야긴의 식량 배급 내용이 적힌 점토판(베를린 페르가몬박물관 소장)

이 사료는 포로가 된 유다 왕이나, 그 뒤에 바빌로니아가 세운 꼭두각시 왕의 이름에 대해서는 언급하지 않는다. 그러나 열왕기의 내용으로 보건대 전자는 여호야긴, 후자는 시드기야(기원전 597~587/6년)로 추측된다. 또한 열왕기하 24:12에 따르면 여호야긴은 바빌로니아 왕 치세 8년째에 바빌로니아로 잡혀간다. 『바빌로니아 역대기』에서는 기원전 598년에 원정이 시작되었고, 그해 열두 번째 달에 유다 왕을 잡아 왔다고 되어 있는데, 만약 열왕기 기록이 정확하다면 왕이 잡혀간 것은 그 이듬해일 수도 있다. 이처럼 바빌로니아 측 사료와 열왕기 기록은 사건의 경위가 대체로 일치하기 때문에, 열왕기가 동시대 사료가 아니라 성서의 내용이라는 이유만으로 그 신뢰성을 부정하기는 어렵다. 이 부분은 판단하는 데 어려움이 있다.

유다의 여호야긴 왕이 포로로 잡혀간 지 서른일곱 해가 되는 해, 곧 바빌로니아의 에윌므로닥 왕이 왕위에 오른 그해 열 두째 달 이십칠일에, 에윌므로닥 왕은 유다의 왕 여호야긴 왕에게 특사를 베풀어, 그를 옥에서 석방하였다. 그는 여호야긴에게 친절하게 대접하여 주면서, 그와 함께 있는 바빌로니아의 다른 왕들의 자리보다 더 높은 자리를 여호야긴에게 주었다. 그래서 여호야긴은 죄수복을 벗고, 남은 생애 동안 늘 왕과 한 상에서 먹었다. 왕은 그에게 평생 동안 계속해서 매일 일정하게 생계비를 대주었다.

(열왕기하 25:27~30)

이 내용은 왕국 시대[17]의 역사를 설명하는 열왕기 마지막 부분이다 (예레미야서의 마지막 절에 똑같은 내용이 있는데 '27일'이 '25일'로 바뀌는 등 미세한 차이가 있다). 에윌므로닥(아멜 마르두크, 재위 기원전 562~560년)은 네부카드네자르의 아들로 기원전 562년 네부카드네자르가 사망한 후, 그 뒤를 이어 바빌로니아 왕위에 올랐으나 불과 2년 후 암살된 것으로 추측된다. 여호야긴이 잡혀간 시기가 기원전 597년이라면, 37년 후는 단순 계산으로 기원전 561년이 되므로, 이는 에윌므로닥의 즉위년과 일치하지 않는다. 따라서 열왕기의 계산이 잘못된 것인지, 아니면 여호야긴이 잡혀간 연도를 기원전 598년으로 계산한 것인지는 확실히 알 수 없다.

여호야긴이 석방되었을 때 유다 왕국은 이미 멸망한 상태였다. 하지만 열왕기 마지막 부분에서 여호야긴의 명예 회복을 언급하는 것으로 보아, 그 배경에는 결국 다윗 왕가의 후손이 왕국을 재건할 것이라는 기대가 있었던 것으로 볼 수 있다.

바빌로니아에서 여호야긴의 명예 회복이 실제로 이루어졌는지는 알 수 없으나 바빌론으로 잡혀간 후 여호야긴의 생활을 단편적으로 알 수 있는 사료가 있다.

---

17 왕국 시대: 기원전 11세기 말경 이스라엘이 건국된 뒤, 남북으로 분열된 두 왕국 가운데 유다 왕국이 멸망한 기원전 587/586년까지를 일컫는다.

야우긴, 왕(에게)

10(시라의 기름)을 야(　)의 왕, (　)야긴에게, 2와 2분의 1을 야후드 왕의 (아들)들에게

10(시라)를 야쿠드 왕의 아들 야쿠기누에게, 2와 2분의 1시라를 야쿠드 왕의 다섯 아들에게

이것은 포로들에게 배급한 식량 목록으로 보인다. "야후드"와 "야쿠드"라는 지명은 '유다'일 것이다. (　)야긴과 야쿠기누가 여호야긴이라는 것에는 이견을 제기하는 연구자가 없다.

'1시라'는 약 800밀리리터로, 여호야긴에게 할당된 10시라는 8리터가 된다. 이것이 얼마만큼의 가치인지는 알 수는 없지만 다른 사람의 할당량이 0.5시라인 것을 볼 때, 여호야긴의 양이 유독 많다는 것을 알 수 있다. 그래서 여호야긴이 이것을 신하들과 나누었을 것이라고 보는 연구자도 있다. 열왕기에 따르면 여호야긴은 어머니와 왕비들, 내시들과 바빌로니아군에게 투항했다고 했으므로 대가족을 거느리고 있었을 것이다. 그렇다면 감옥이 아니라 자택에 갇혔을 가능성도 있다.

예루살렘에는 그의 삼촌 시드기야가 꼭두각시 왕으로 있었기 때문에 바빌로니아는 나이가 어린 여호야긴(열왕기하 24:8에 따르면 즉위 당시

네부카드네자르 2세의 통치 초반 내용을 담고 있는 『바빌로니아 역대기』(대영박물관 소장)

18세)을 바빌론에 인질로 잡아 둔 것 같다. 여호야긴에게 여러 명의 부인이 있었다 하더라도, 18세에 포로가 된 그에게 다섯 명의 아들이 있었다고 보기는 어렵다. 따라서 그 아들들 가운데 일부는 바빌론에 잡혀 온 이후에 태어났을 가능성이 높다. 또 이 사료를 통해 포로가 된 후에도 여호야긴에게 '왕'의 호칭이 허용되었다는 것을 알 수 있다.

이것은 네부카드네자르 치세 제10년부터 제35년 사이에 작성된 문서이므로, 만약 열왕기의 내용이 사실이라면 여호야긴이 석방되기 전에 받은 배급이라는 뜻이 된다. 53쪽에 나온 사진은 네부카드네자르 치세 제13년에 만들어진 점토판 중 하나이다.

그런데 이때 끌려온 유다 사람들은 바빌로니아에서 무엇을 했을까? 열왕기에 따르면 포로 중에는 '기술자와 대장장이, 전투 요원인 병사'가 있었다. '전투 요원'은 수년 전 이집트전에서 수많은 병사를 잃은 바빌로니아군에 편입되었을 수도 있다. 또 기술자와 대장장이들은 네부카드네자르의 아버지 나보폴라사르 시대에 착수한 바빌론의 건설 사업에 종사했을 가능성이 높다. 기원전 598년에 세워진 네부카드네자르의 비문에는 그가 건설한 바빌론 남왕궁의 건축에 고관을 비롯한 레반트 지역의 여러 왕이 공헌했다고 기록되어 있다.

시드기야의 반란

이집트에 지원군을 요청하고 반란을 계획했으나

기원전 597년 네부카드네자르에 의해 유다 왕이 된 시드기야는 이내 반란을 꾀한다. 유감스럽게도 『바빌로니아 역대기』는 네부카드네자르 치세 제11년을 끝으로 기록이 소실되어, 제2차 예루살렘 정복과 그로

유다의 마지막 왕 시드기야

인해 포로가 된 주민들의 생활상에 대해서는 정보를 얻을 수 없다. 따라서 열왕기를 통해 당시의 모습을 살펴보고자 한다.

시드기야가 바빌로니아 왕을 반역했다.

그러자 바빌론 왕 느부갓네살과 그의 군대는 시드기야 치세 제9년 10월 10일에 예루살렘에 진을 치고 주위에 포위 벽을 쌓았다. 도성은 시드기야 왕 치세 제11년까지 포위되었다.

넷째 달 9일, 도성 안에 기근이 심각해져 백성들의 식량이 바닥나고 말았다. 그때 도성 일부가 뚫렸고, 병사들은 한밤중에 왕의 정원 근처에 있는 두 성벽 사이의 문을 모두 빠져나갔다. 칼데아인이 도성을 에워싸고 있는데도, 군대는 아라바로 향했다. 칼데아군은 왕을 추격한 끝에 여리고의 평지에서 그를 붙잡았다. 왕의 군사들은 모두 그를 버리고 흩어졌다. …(중략)…

칼데아인들은 주의 성전에 있던 놋쇠 기둥과 받침대, 놋바다를 부숴 바빌론으로 가져갔다. 그리고 솥, 삽, 부집게, 향접시 등 제사에 쓰이는 놋쇠 도구들도 모조리 빼앗아 갔다. 또 금과 은으로 만든 화로와 잔 따위는 근위대장이 가져갔다. 솔로몬이 주의 성전을 위해 만든 두 개의 놋쇠 기둥과 놋바다 하나, 놋받침대는 그

무게를 잴 수 없을 정도였다. 기둥 하나의 높이는 18규빗이었으며 그 위에는 놋쇠로 된 기둥머리가 있었다. 기둥머리의 높이는 3규빗이었고 그 주위는 놋쇠로 만든 그물과 석류 모양의 장식이 있었다. 나머지 기둥에도 똑같이 놋쇠 그물이 장식되어 있었다.

근위대장은 대제사장 스라야와 부제사장 스바냐, 문지기까지 모두 3명을 붙잡았다. 또한 병사들을 감독하는 내시 한 명, 도성에 있던 왕의 측근 다섯 명, 백성을 징집하는 장군의 서기관, 도성에 있던 백성 60명을 사로잡았다. 근위대장 느부사라단은 그들을 바빌론 왕이 있는 립나로 연행했다. 바빌론 왕은 하맛 땅 립나에서 그들을 쳐 죽였다. 그리하여 유다 백성은 자기 땅에서 쫓겨나 포로 신세가 되었던 것이다.

(열왕기하 24:20, 25:1~5, 13~21)

바빌로니아는 꼭두각시 왕 시드기야에게 충성을 요구했다. 실제로 그가 바빌론으로 사절을 보내거나 직접 가기도 했다는(예레미야서 29:3, 51:59) 기록에서 그 임무에 충실하려 한 것을 알 수 있다.

한편 기원전 601년 바빌로니아와 전쟁을 치른 이집트는 기원전 595년 네코 2세가 사망한 후 그의 아들 프사메티쿠스 2세(재위 기원전

595~589년)가 왕위를 계승한다. 프사메티쿠스(프삼티크)는 기원전 591년에 실시한 레반트 원정에서 페니키아의 비블로스와 티루스까지 진출한다. 이 원정의 주목적은 정복 자체가 아니라, 이 지역에 이집트의 존재감을 또 한번 과시하는 데 있었던 것 같다. 그들을 지켜보던 레반트의 소왕국들은 분명 바빌로니아의 지배에서 해방되는 꿈을 품었을 것이다. 예레미야서 27:3부터는 에돔, 모압, 암몬, 티루스, 시돈 등의 주변국이 바빌로니아에 반란을 꾀하는 내용이 나온다. 예레미야는 바빌로니아에 충성하라고 명하는 신의 예언을 시드기야에게 전했으나, 시드기야는 이를 거부하고 이집트에 사신을 보내 군사 지원을 요청하는 등 반란을 모의했다(예레미야서 37:6~10, 에스겔서 17:15). 마침내 그는 기원전 588년경 바빌로니아에 반기를 들게 된다.

바빌로니아군은 서둘러 이를 진압했다. 그들은 도중에 유다의 여러 도시를 공략하면서 예루살렘으로 진군했고, 기원전 587년 여름 예루살렘을 포위했다(유다 전통 역법으로는 기원전 588년 여름). 예레미야서 37:5에 따르면, 이집트군이 예루살렘을 지원하기 위해 잠시 군대를 보내 바빌로니아군이 잠시 철수했으나, 결국은 이집트군도 철수한 듯하다(예레미야서 37:7). 이때 이집트군 수장은 기원전 589년 프사메티쿠스 2세의 뒤를 이은 그의 아들 아프리에스(예레미야서 44:30에 언급되는 '바로호브라',

라기스에서 출토된 토기 조각

재위 기원전 589~570년)로 추측된다.

바빌로니아군은 예루살렘만 함락시킨 것이 아니었다. 예루살렘 남서쪽 약 43킬로미터 지점에 있는 유다 왕국 제2의 도시 라기스도 이때 함락되었다. 라기스 발굴 조사 결과 히브리어가 적힌 토기 조각(오스트라카)이 다수 발견되었는데, 바빌로니아군이 원정했을 때 어떤 요새에서 라기스의 지휘관에게 보낸 통신 서한이었다. 이 오스트라카에는 당시의 긴박함이 잘 나타나 있다. 일부를 인용하면 다음과 같다.

우리 주군이 주신 모든 신호에 따라 라기스의 신호를 주시하고 있다고 (우리 주군에게) 전해주시기를 바랍니다. 우리는 더 이상 아제카(의 신호)가 보이지 않기 때문입니다.

아제카는 라기스에서 북북동쪽으로 약 17킬로미터 떨어진 유다의 도시였다. 이 요새에 있던 병사는 라기스의 지휘관에게 자신이 있는 곳에서는 더 이상 아제카의 신호가 보이지 않는다는 것을 전하고 있다. 아마도 라기스보다 더 전망이 좋은, 아제카가 잘 보이는 곳에 있던 병사인 듯하다. 아제카에서 아무 신호도 보이지 않았던 이유는 이미 아제카가 바빌로니아군에게 점령되었기 때문일 것이다.

한때 바빌로니아군이 유다 전역을 정복한 것으로 알려졌으나, 이 지역의 도시 유적에서 그 가설을 뒷받침할 파괴 흔적이 없는 것으로 보아 바빌로니아군은 주로 예루살렘과 그 주변, 라기스, 아제카 등 왕국 서부 도시를 파괴한 것으로 추측된다. 특히 예루살렘 북쪽으로 펼쳐진 유다 구릉 지역에서는 파괴 흔적을 거의 찾아볼 수 없다. 바빌로니아는 예루살렘 정복 후 이곳에 속주인 예후드를 지배하기 위한 거점을 마련한다.

제2차 바빌론 유수
시드기야의 두 눈을 뺀 다음 쇠사슬로 묶어서

한편 예루살렘은 바빌로니아군의 포위를 잘 버티는 중이었다. 그러나 약 7개월 만에 마을을 에워싼 성벽 일부가 무너졌고 그곳으로 바빌로니아군이 들어와 성 내부로 침입했다. 다음은 이 사건 이후의 상황인데(예레미야서 39:3), 참고로 열왕기하 25장에는 없는 내용이다.

> 바빌론 왕의 고관들이 모두 와서 중앙 대문에 자리를 마련했다. 그들은 네르갈사레셀, 삼갈르보와 시종장 살스김, 지휘관 네르갈사레셀, 그 밖의 바빌론 왕의 고관들이었다.

앞의 내용에서 언급되는 인물 네르갈사레셀은 아카드어로 네르갈사르우수르이다. 그는 고대 그리스 문헌에 '네리글리사르'로 표기된 바빌로니아 왕(재위 기원전 560~556년)으로, 처남이자 네부카드네자르 2세의 후계자인 에윌므로닥을 제거하고 스스로 왕위에 오른 인물이다.

또 삼갈르보와 살스김이라는 인물에 대해서는 최근 이름을 잘못 끊어 읽었을 수도 있다는 설이 설득력을 얻고 있다. '네르갈사레셀과 삼갈르보와 살스김'으로 번역된 히브리어 원문은 다음과 같다.

네르갈 사 레셀 삼갈 르보 살 스김 랍 사리스

훗날 이것을 세 사람의 이름으로 해석한 사람들은 이것이 히브리어 표기와 달랐기 때문에 실제 이름을 정확히 몰랐을 것이다. 한 명의 이름이 네르갈사레셀인 것은 확실하지만, 뒤에 두 명은 '삼갈르보'와 '살스김'이 아니라 '삼갈'과 '르보살스김'일 수도 있다는 설이 최근 설득력을 얻고 있다. '랍사리스'는 바빌로니아의 '시종장'과 비슷한 직책(아카드어로는 '랍사레시'로 환관 우두머리를 의미)이므로 이 설이 맞다면, 르보살스김이 시종장이었다는 뜻이 된다. 아시리아 문헌에 따르면 군대를 이끌고 원정에 나서기도 했던 직책이다.

대영박물관이 소장한 설형 문자 문서에서 '르보살스김'과 동일인으로 추정되는 사람이 발견되었다. 기원전 594년 작성된 이 문서에는 '르보살스김'과 비슷한 아카드어 인명 '나부사르우수르'와 그의 직책 '랍사레시'가 언급된다. 매우 희귀한 이름인 데다, 당시 시종장은 한 명만 존재했다는 점, 그리고 시대적으로 예루살렘의 제2차 정복과 비슷한 시기였다는 점에서 이 문서에 언급된 인물이 예레미야서에서 말하는

「학살당하는 시드기야의 아들들」, 귀스타브 도레 작(1866년)

'르보살스김'일 가능성이 매우 높다. 이처럼 예레미야서는 예루살렘 정복에 바빌로니아의 고관들이 깊이 관련되어 있음을 시사한다.

바빌로니아군이 예루살렘 성에 쳐들어와 혼란해진 틈에, 시드기야 왕과 그 측근들은 포위군의 눈을 피해 동쪽으로 도망친 것으로 보인다. 예루살렘은 해발 약 700미터 고지에 있었고, 그 동편 해발 약 400미터 아래에는 사해가 있었다. 왕 일행은 표고차가 1,000미터 이상이나 되는 내리막길을 도망쳤을 것이다.

이후 시드기야의 운명에 대해 열왕기는 다음과 같이 이야기한다.

> 칼데아군은 왕을 붙잡아 립나에 있는 바빌론 왕에게 끌고 가 판결을 내렸다. 그리고 시드기야의 아들들을 그의 눈앞에서 죽이고 시드기야의 두 눈을 뺀 후 쇠사슬로 묶어 바빌론으로 끌고 갔다.
>
> (열왕기하 25:6~7)

열왕기에서 시드기야를 언급하는 것은 이것이 마지막이다. 예레미야서 52:11에 따르면, 시드기야는 죽을 때까지 감옥에 있었다. 그러나 이 시기에 관한 구체적인 기록은 바빌로니아 측 사료를 비롯한 동시대 사료가 부족하여 사실 여부를 검증하기가 어렵다.

예루살렘, 그 후
바빌로니아군은 성전을 파괴했는가

그런데 예루살렘은 어떻게 되었을까. 열왕기는 다음과 같이 이야기한다.

> 다섯째 달 7일, 즉 바빌론 왕 느부갓네살 왕 치세 제19년에 바빌론 왕의 부하 근위대장 느부사라단이 예루살렘으로 왔다. 그는 주의 성전과 왕궁을 불태우고 예루살렘의 건물들을 모조리 불태워버렸다. 예루살렘 주변 성벽은 근위대장이 이끄는 칼데아군에 의해 파괴되었다. 도성에 남아 있던 백성들과 바빌론 왕에게 투항한 사람들, 그 밖의 군중은 근위대장 느부사라단에게 잡혀갔다. 근위대장은 그 땅의 가난한 백성 일부를 남겨 포도원을 가꾸게 하고 농사일에 부렸다.
>
> (열왕기하 25:8~12)

느부사라단은 아카드어로 '나부자르아단'이다. 네부카드네자르의 고관이었던 이 인물은 바빌로니아의 설형 문자 문서에도 언급된다. 이 사건은 예레미야서 2:12~16과 39:8~10에서도 등장한다. 다만 왕궁과

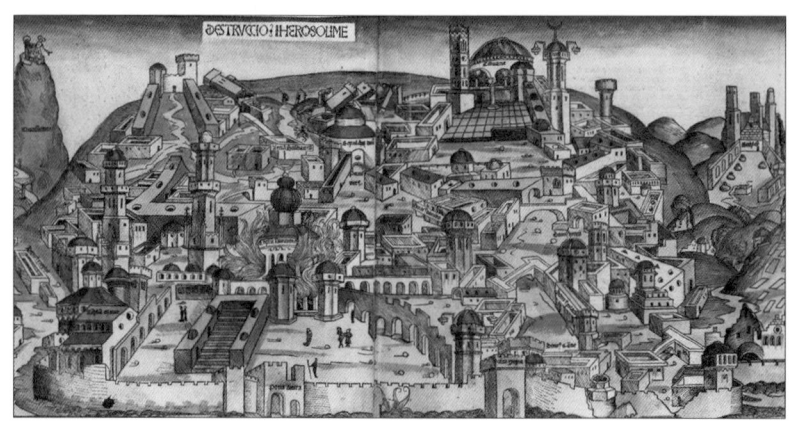
바빌로니아에 의해 파괴된 예루살렘(중세 삽화)

민가는 불에 탔다는 내용은 있으나 성전이 불탔다는 내용은 없는 등 조금 차이가 있다. 바빌로니아가 반란에 대한 응징으로 성전을 파괴했다는 것은 상식에 맞지 않기 때문에, 일부 연구자들은 이때 성전이 파괴되었을 것이라는 주장에 의문을 제기한다. 이후 성전에서 제사가 이루어진 것을 암시하는 내용도 있다(예레미야서 41:5). 어쩌면 바빌로니아의 성전 파괴는 부분적으로 멈췄을 수도 있다. 열왕기에서는 이후 바빌로니아인들이 성전 비품을 약탈하거나(25:13~17) 제사를 지내는 모습, 각국 고관들을 이송하여 처형하는 모습(25:18~21)을 묘사한다.

　예루살렘 발굴 조사 결과, 이 시대의 파괴 흔적이 있다는 것이 밝혀졌다. 현재 예루살렘 구시가지 동부, 알 아크사 모스크 남쪽으로 완만하게 경사진 곳에 '다윗의 도시'가 있다. 모스크가 있는 곳은 발굴 조사가 어려워 '다윗의 도시'에서 고고학 조사가 실시되었다. 이곳에서 발견된 당시의 주거 흔적에서 집의 대들보가 불에 타 소실된 것이 밝혀졌다.

또 1970년대 예루살렘 구시가지 유대인 지구에서 실시된 발굴 조사에서는 방위용 탑으로 보이는 건물이 발견되었다. 이 건물의 파괴층 속에는 4개의 화살촉이 있었다. 그중 하나는 소켓을 화살대에 끼울 수

'다윗의 도시' 복제모형(이스라엘박물관 소장)

있는 청동제 삼익형 '스키타이 촉'이었다. 발굴을 담당한 고고학자는 이것을 바빌로니아군이 탑을 향해 발사한 화살촉으로 추측했다. 아마도 스키타이인[18]이 바빌로니아군의 용병으로 고용되었던 것으로 보인다. 이 청동제 촉은 일본 조사단이 발굴 조사 중인 이스라엘 북부 유적 텔 라기스에서도 두 점 발견되었다.

이때 발견된 유적층 가옥의 포도주 저장 항아리에서는 바닐라 찌꺼기가 검출되었다. 당시 바닐라는 먼 동방 인도 인근에서만 재배된 것으로 알려진다. 바빌로니아에 파괴되기 직전 예루살렘의 부유층은 장거리 교역으로 얻은 고가의 바닐라로 포도주에 향을 입혀 즐긴 것 같다.

예루살렘 주민들이 끌려간 후 유다 왕국은 어떻게 되었을까. 열왕기는 다음과 같이 기록한다.

> 바빌론 왕 느부갓네살은, 유다 땅에 남은 백성들을 다스릴 총독으로 사반의 손자이자, 아히감의 아들인 그달리아를 임명했다.
>
> (열왕기하 25:22)

---

18 스키타이인: 기원전 7~3세기에 흑해 북안 초원 지대를 지배한 이란계 유목 기마 민족

성서에 따르면 네부카드네자르는 유다 사람 중에서 총독을 임명했다. 그달리야는 예루살렘 북부로 약 12킬로미터 떨어진 미스바(유적명: 텔 엔 나스베)에 있었다. 이 유적 조사를 통해 바빌로니아 시대 미스바의 발전상이 밝혀졌다. 포로 신세를 면한 왕국의 주요 인물들은 그달리아 곁에 모였고(열왕기하 25:23, 예레미야서 40:7~9), 그달리야는 그들을 상대로 바빌로니아에 충성할 것을 호소했다(열왕기하 25:24, 예레미야서 40:10~12). 아마도 그는 친바빌로니아파였을 것이다. 결국 그는 동족에게 암살당하고 만다.

> 그러나 일곱째 달에 왕의 혈통인 엘리사마의 손자이자, 느다니야의 아들 이스마엘이 열 명의 부하와 함께 와서, 그달리야를 참혹하게 죽였다. 또 미스바에 함께 있었던 유다 사람들과 칼데아 사람들도 죽였다.
>
> (열왕기하 25:25)

바빌로니아의 고관 느부사라단은 '다섯째 달'에 예루살렘에 왔으므로(열왕기하 25:8), 이것이 같은 해에 있었던 일을 기록한 것이라면 그달리야가 총독으로 있었던 것은 고작 두 달 남짓이라는 계산이 된다. 일

역사의 소용돌이 속에서 거듭 변모한 예루살렘 구시가지

부 연구자는 이 일을 유다의 제3차 유수(예레미야서 52:30)와 관련하여 기원전 582년이나 581년에 일어난 것으로 보기도 한다. 자세한 내용은 예레미야서 40:13~41:18를 참조하기 바란다.

그달리야를 죽인 이스마엘은 유다 왕가의 혈통이자 왕의 고관이었던 것으로 보인다(예레미야서 41:1). 하지만 그가 그달리야를 죽인 이유는 불분명하다. 열왕기에는 언급이 없지만 예레미야서 41:14은 그달리야의 죽음이 요르단강 동안을 통치한 암몬인[19] 바알리스 왕의 음모임을 시사한다. 바알리스가 유다 지역에 영향력을 행사하기 위해 그달리야

---

19 암몬인: 기원전 1천년기, 요르단강 동부 해안 지방에 거주하던 셈 계열 민족

를 제거하려 했던 것일까? 혹은 이스마엘이 왕족 출신인 자신을 제치고 그달리야가 총독으로 임명된 것에 불만을 품었던 것일까? 둘 다 아니라면, 바빌로니아에 대한 저항 운동이었을까? 여러 가지가 복합적으로 작용했을지도 모른다.

이 사건 후 이스마엘과 그 일당은 그달리야와 함께 있던 바빌로니아인마저 죽이고 암몬으로 도망쳤다(예레미야서 41:16). 바빌로니아의 복수가 두려웠던 예언자 예레미야는 남아 있던 사람들을 설득하여 유다에 머물고자 했으나 남은 유다 사람들은 그를 데리고 이집트로 도망쳤다(열왕기하 25:26, 예레미야서 41:16~18, 43). 열왕기와 예레미야서에 기록된 바빌론 유수의 전말은 여기까지다.

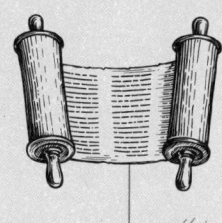
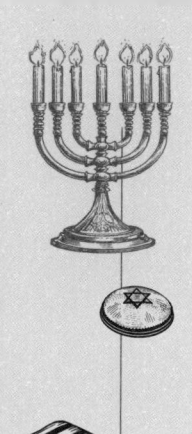

제 2 장

역사·종교적 배경

양대 세력
사이에서 휘둘린
이스라엘 왕국

문명의 교차로

이집트 문명과 메소포타미아 문명에 휘둘려

'문명의 교차로'라 하면 어디가 연상되는가. 오랫동안 동서 문화의 교류가 이루어졌던 튀르키예나 중앙아시아일까? 아니면 한때 동서 유럽과 서아시아, 아프리카 사람들과 물자 교역을 했던 시칠리아섬일까? 세계사의 관점에서 본다면 여러 곳이 될 수 있을 것이다.

이 책에서 자주 언급되는 레반트(37쪽 참조)도 '문명의 교차로' 중 하나다. 이 지역은 남서쪽으로는 북아프리카의 이집트 문명, 동쪽으로는 메소포타미아 문명이라는 고대 세계를 대표하는 양대 문명 사이에 끼어 있었다. 고대에 수백 킬로미터 폭의 사막을 가로지르는 것은 불가능했기 때문에 대상과 군대는 보통 유프라테스강을 따라 북쪽으로 우회하는 방법을 택했다. 레반트는 바로 그 길목에 있었다. 두 지역을 연결하는 좁고 긴 지형적 특징 때문에 '레반트 회랑'이라 부르기도 한다.

레반트 북쪽으로는 아나톨리아 반도가 펼쳐져 있다. 기원전 2000년기 아나톨리아 반도에서 세력을 넓힌 히타이트 제국은 레반트의 지배권을 둘러싸고 이집트와 격렬한 전투를 벌였다. 또 북서쪽으로는 에게

해가 있다. 미케네 문명[1]이 번성한 기원전 2000년기에는 이 지역의 해상 루트를 따라 수많은 사람과 물자가 유입되었고, 다시 타 지역으로 활발하게 유통되었다. 이 문명에서 유래한 물건들이 오늘날 레반트 각지에서 출토되고 있다.

레반트는 이러한 지리적 특징 때문에 오래전부터 대국의 정치, 경제적 영향을 크게 받았다. 예를 들어 기원전 14세기 중엽 '아마르나 시대[2]'에는 이집트 신왕국 제18왕조의 지배를 받았는데, 이 시기 이집트의 수도였던 텔 엘 아마르나 유적에서는 당시 서아시아의 국제어였던 아카드어 점토판 문서들이 대량으로 발견되었다. 그것은 레반트 지역 도시국가의 지배자가 종주 이집트의 파라오에게 보내는 편지였다(아마르나 서한). 그중에는 예루살렘에서 보낸 서한도 있었다.

기원전 12세기 초, 동지중해 세계는 대격변의 시대를 맞이했다. 오늘날 '바다의 민족'이라 불리는 다양한 국적의 사람들이 에게해 지방에서 이집트로 대거 몰려와 이집트군이 이들을 물리친 일이 있었다.

---

1 미케네 문명: 기원전 1600~1200년경, 고대 그리스인의 일파 아카이아인이 그리스 펠로폰네소스 반도 북동부 미케네를 중심으로 세운 청동기 문명이다.

2 아마르나 시대: 기원전 1352~1336년경, 이집트 신왕국 제18왕조 아멘호테프 4세가 통치한 시대이다. 이 명칭은 오늘날 '텔 엘 아마르나'라 부르는 유적에서 유래했으며, 이곳은 아멘호테프 4세가 수도로 지정한 도시 아케트아텐이 있었던 곳이다.

이집트는 그들 중 일부를 오늘날의 가자, 아슈켈론, 아슈도드가 있는 동레반트 남서쪽에 살도록 허용했다.

이때 아나톨리아의 히타이트 제국도 멸망했고 현재의 시리아 연안에서 번성한 우갈리트 왕국도 멸망했다. 아시리아와 바빌로니아 등 메소포타미아 제국들의 기록에서도 레반트에 관한 언급이 적어지면서, 약 2세기 이상 이 지역의 역사 자료는 현저히 줄어든다. 이후 남레반트에 관한 문자 사료가 본격적으로 등장하기 시작한 것은 기원전 9세기 이후다. 고대 이스라엘사[3]에서 '왕국 시대'라 지칭되는 시기이다. 이 왕국 시대의 역사를 간략히 살펴보도록 하자.

이스라엘 왕국 시대 이전
성경이 전하는 이스라엘 사람들의 창세 신화

보통 세계사는 출이집트부터 바빌론 유수까지를 일련의 사건으로 다룬다. 이 책은 그 흐름을 따라가되, 약간의 보충 설명을 곁들이고자

---

3 고대 이스라엘사: 기원전 18세기경 이스라엘 민족의 시조 아브라함의 탄생부터, 제2차 유대-로마 전쟁(66~73년) 종전까지의 이스라엘 역사이다.

한다.

먼저 '이스라엘' 민족에 대해 살펴보자. 이스라엘은 기원전 10세기 후반, 다윗 왕이 건국한 왕국이 남북으로 분열된 이후의 북왕국을 의미한다. 성서에 따르면 '이스라엘'은 그들의 시조 야곱[4]이 신에게 받은 이름이다(창세기 32:23~31, 35:10). 그래서 그들의 자손은 '이스라엘의 아들들'이라는 명칭으로 성서에 등장한다. 이것이 일반적으로 성서에서 말하는 '이스라엘 사람'이다.

성서에 따르면, 야곱은 열두 아들이 있었는데 그들은 이스라엘 12지파[5]의 시조가 되었다. 다윗이 속한 유다 지파도 그중 하나였다. 즉 이스라엘 사람은 유다 사람보다 상위 개념으로, 이스라엘 사람 안에 유다 사람이 있는 것이다. 또 분열된 왕국 중 북왕국을 이스라엘이라 했으므로, 양측 사람들을 구분해서 기술할 경우 이스라엘 사람과 유다 사람이라는 표기를 사용한다.

여러분은 출이집트에 대해 들어본 적이 있는가? 1956년 세실 B. 드

---

4 야곱: 이스라엘 민족의 시조이다. 쌍둥이 형 에서를 속여 장자의 특권을 빼앗고, 이후 신의 축복으로 이스라엘의 이름을 받았다고 한다.

5 이스라엘 12지파: 이스라엘 민족을 구성하는 12지파로 르우벤, 시므온, 레위, 유다, 단, 납달리, 갓, 아셀, 잇사갈, 스불론, 요셉, 베냐민 지파로 이루어져 있다. 각 지파의 명칭은 야곱 자녀들의 이름이다. 요셉의 아들 이름을 붙여 에브라임 지파와 므낫세 지파를 추가하는 경우도 있는데, 이 경우 요셉 지파와 레위 지파를 제외한다.

십계

밀 감독, 찰턴 헤스턴 주연의 〈십계[6]〉라는 영화가 만들어졌다. 출이집트를 소재로 한 이 영화는 당시에 큰 인기를 끌었는데, 반세기도 더 된 작품이기 때문에 지금은 생소한 사람이 더 많을 것이다. 1998년에는 〈이집트 왕자〉라는 뮤지컬 애니메이션 영화가 큰 화제를 모았다. 아마도 이 작품을 본 독자들도 있을 것이다.

출이집트는 이집트에서 중노동에 허덕이던 이스라엘 사람들이 모세

---

6 십계: 모세가 출이집트 도중 시내 산에서 받았다는 야훼의 열 가지 계명이다. 79쪽의 그림은 17세기 전반 네덜란드 화가가 그린 〈모세와 십계〉이다.

를 따라 기적적으로 이집트를 탈출한 사건이다. 이 내용은 성서의 출이집트기에 실려있다.

과연 이 이야기가 어디까지 사실인지 연구자들 사이에서도 의견이 분분하다. 대부분은 출이집트가 기원전 13세기의 일로 되어 있다. 하지만 이를 뒷받침할 증거는 전혀 없다. 이스라엘 사람들이 이집트에 머물렀다는 것, 모세가 실존 인물이라는 것을 뒷받침할 사료가 없는 것이다. 고고학적으로도 출이집트 사건을 증명할 증거는 전혀 발견되지 않았다. 출이집트 사건은 어떻게 보면 이스라엘 사람들의 창세 신화와도 같다. 그 안에는 사실도 있고, 과장이나 창작도 있을 것이다. 어쨌든 성서에는 야훼가 출이집트 사건을 통해 사람들을 구원한 후, 모세가 사람들에게 야훼를 숭배하도록 했고, 이후 야훼와 이스라엘 사람들이 언약을 맺었다고 기록되어 있다. 즉 야훼는 한때 이스라엘 사람들을 구원한 신의 위치에 있는 것이다.

알려진 바로는 이스라엘 사람들은 이집트를 탈출한 후 남레반트에 정착했다. 남레반트에 '이스라엘'이라 불리는 사람들이 있었다는 것을 증명하는 가장 오래된 사료는 기원전 13세기 말의 것이다. 이를 근거로 출이집트는 기원전 13세기의 일로 짐작되고 있다. 그러나 이스라엘이라는 이름이 문자 사료에 처음 등장하는 것은 기원전 9세기 이후이기 때문에, 이 두 시기의 '이스라엘'이 민족적으로 연속성이 있는지는 확실하지 않다.

이스라엘 왕국 시대

북이스라엘 왕국과 남유다 왕국

이스라엘 사람들 중에 다윗이라는 사람이 나타나 기원전 1000년경 예루살렘을 수도로 하는 왕국을 세웠다. 일부 연구자는 다윗의 실존 여부에 의구심을 갖기도 하는데, 가장 큰 이유는 동시대 문자 사료에 그의 이름이나 왕국에 관한 내용이 없기 때문이다. 성서는 이 왕국이 다윗의 아들 솔로몬 시대에 전성기를 누리며 광활한 땅을 지배했다고 기록하고 있으나 사실 여부는 알 수 없다. 당시의 수도인 예루살렘의 발굴 조사는 현재도 진행 중이고, 이 내용을 뒷받침할 증거 나올 것인지 연구자들도 주의 깊게 지켜보는 중이다.

기원전 10세기, 솔로몬이 사망하고 왕국이 북이스라엘 왕국, 남유다 왕국으로 분열되었다고 한다. 하지만 이를 입증할 동시대 문자 사료는 없다. 이 정보는 오로지 성서에만 기록되어 있다. 성서에 따르면 북왕국은 12지파 중 10지파로, 남왕국은 유다 지파를 비롯한 2지파로 이루어져 있었다. 일부 연구자들은 다윗과 그의 아들 솔로몬 시대에 12지파를 통일한 왕국이 존재했다는 이야기가, 후에 두 왕국을 통일하려는 시도가 일었을 때 만들어진 창작일 수 있다고 보기도 한다.

다만 성경에만 있는 내용이라 해도 기원전 9세기에 이스라엘 왕국과 유다 왕국이 남레반트에 존재했다는 것은 여러 가지 동시대 문자 사료를 통해 밝혀졌다. 사마리아에 수도를 둔 북이스라엘 왕국은 기원

미켈란젤로가 제작한 다윗 상(아카데미아미술관 소장)

이스라엘과 유다 왕국

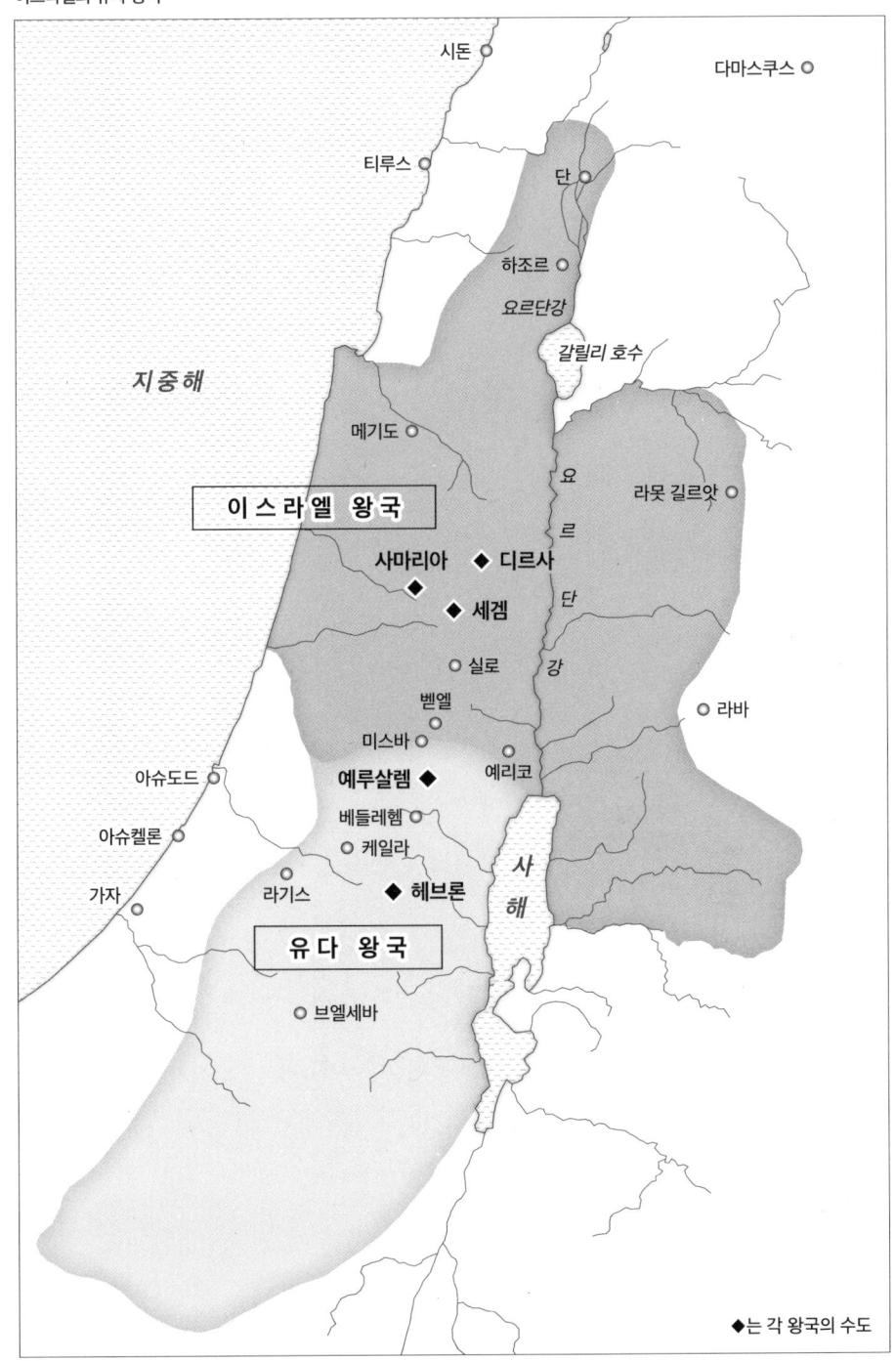

전 8세기 후반 아시리아에 멸망했고, 예루살렘에 수도를 둔 남유다 왕국은 기원전 6세기 초 신바빌로니아 왕국에 의해 멸망했다.

강대국들 사이에서
이집트 대신 세력을 확장한 아시리아

왕국 시대 후반에 접어들면서, 북이스라엘 왕국과 남유다 왕국은 메소포타미아의 강대국들로부터 점점 더 큰 영향을 받게 된다. 두 왕국이 이집트와 메소포타미아라는 거대 세력에 어떻게 휘둘렸는지 간단하게 살펴보자.

왕국 시대 초반 이집트와의 관계는 열왕기상 3:1에 자세히 나와 있다. 솔로몬은 이집트 파라오의 왕녀와 결혼한 후 부인의 거처를 마련했고(열왕기상 7:8), 파라오는 게셀이라는 남레반트 도시를 점령하여 솔로몬의 아내인 자신의 딸에게 선물로 주었다(열왕기상 9:16).

그런데 파라오의 이름과 그의 딸 이름은 성서에 등장하지 않는다. 파라오의 왕녀가 다른 나라로 시집가는 일은 드물었으므로, 이 같은 내용은 솔로몬의 영화를 강조하기 위한 창작으로 볼 수도 있다. 물론 이름을 알 수 없다는 이유로 이 서술이 역사적 사실이 아니라고 단언하기는 어렵다.

어쨌든 기원전 11세기 말부터 10세기까지는 레반트에 관한 동시대 사료가 부족해서 역사를 재구성하기가 쉽지 않다. 다만 이 시대는 이집트와 메소포타미아가 이 지역을 지배할 만큼 영향력이 세지 않았기 때문에, 힘의 공백 속에서 이 지역 사람들을 정치적으로 결집하기 위해 여러 왕국이 탄생한 것은 역사적 사실이라 할 수 있을 것이다.

이어서 등장하는 이집트 관련 내용도 솔로몬 시대를 배경으로 한다. 솔로몬은 외국에서 온 여러 명의 아내가 있었고, 그들이 이방 신들을 섬기며 솔로몬을 괴롭게 하여 신의 노여움을 샀다. 신은 솔로몬에게 대적할 자로 에돔 사람 하닷을 이용했다. 하닷은 다윗에게 숙청된 에돔 왕가의 후예인데, 유년 시절 이집트로 도망쳐 그곳에서 파라오의 아내 다브네스의 여동생과 결혼했다(열왕기상 11:14~22). 또 같은 시대에 솔로몬의 부하 여로보암이 이집트로 도망쳤으며 그곳에서 이집트 왕 시삭의 보호를 받았다(열왕기상 11:40). 이 내용이 수록된 것도 성서가 유일하며 이를 뒷받침할 동시대 사료는 전혀 발견되지 않았다.

시삭 왕은 솔로몬의 아들 르호보암(재위 기원전 926~910년경) 치세 제5년에 예루살렘을 공격하고 성전과 왕궁의 보물을 약탈했다(열왕기상

14:25~26). 연구자들은 이 '시삭 왕'을 이집트 제22왕조 셰숑크(1세)라 보고 있다. 셰숑크 치세는 일반적으로 기원전 945~924년경으로 추측된다. 이 시기는 르호보암 치세와도 일부 겹친다(다만 르호보암 치세 제5년은 셰숑크가 이미 사망한 후다).

셰숑크는 남레반트 원정에서 정복한 도시의 목록을 카르나크 성전의 부바스티스 문에 새겼다. 그런데 목록 어디에도 예루살렘은 없다. 아마도 유다 왕 르호보암이 왕궁과 성전의 보물을 셰숑크에게 바침으로써, 정복을 피할 수 있었을지도 모른다. 어쨌든 셰숑크가 실제로 원정에 나섰던 것은 분명해 보이기 때문에, 열왕기에 기록된 이 사건 역시 그 원정에 대한 기억이 반영된 것일 수 있다. 만약 솔로몬 시대에 12지파를 통합한 왕국이 실존했고, 그 왕국이 넓은 영토를 지배하고 있었다고 해도, 이집트의 강력한 군사력 앞에서는 결국 공물을 바칠 수밖에 없었을 것이다.

이후 이집트는 한동안 세력을 잃게 된다. 기원전 9세기, 서아시아의 주도권을 장악한 것은 오늘날 북이라크 지역을 중심으로 성장한 아시리아였다. 기원전 858년 즉위한 살만에셀 3세(재위 기원전 858~824년)는 활발하게 군사 원정을 전개했다.

기원전 853년, 살만에셀의 아시리아군은 유프라테스강 서쪽을 넘어

세숑크 1세가 정복한 도시명이 새겨진 카르낙 성전의 부바스티스 문(이집트 룩소르)

북레반트의 카르카르로 진군해 반아시리아 연합군과 전투를 치른다. 레반트 국가들은 아시리아와 같은 강대국에 단독으로 맞설 수 없었기 때문에 서로 연합하여 싸웠다.

살만에셀 3세는 자신의 치세에 올린 전투 성과 등을 비문에 다수 기록하게 했다. 이 전투에 참전한 적 연합군의 구성도 그가 남긴 비문에 기록되어 있다. 거기에는 북이스라엘 왕국의 아합 왕(재위 기원전 873~853년경)과 그의 군대도 포함되어 있었다. 현재 대영박물관에 전시된 살만에셀 3세의 검은 오벨리스크 비문에는, 기원전 841년 아합 왕조로부터 왕위를 찬탈한 예후(재위 기원전 841~814년)가 살만에셀에게 공물을 바치는 장면이 부조로 새겨져 있다. 카르카르 전투는 치열한 공방 끝에 승패 없이 끝난 것으로 추정된다. 그 후 반아시리아 연합은

공납하는 예후(또는 그의 사절)의 모습을 새긴 살만에셀 3세의 검은 오벨리스크

해체되었고, 아시리아는 서쪽으로 더욱 세력을 확장했으며, 북이스라엘 왕국은 아시리아에 종속된 것으로 보인다. 또한 아합과 예후는 성서 열왕기에 북이스라엘의 왕으로 정확히 언급되지만, 카르카르 전투나 예후가 아시리아에 조공을 바쳤다는 사실은 전혀 기록되어 있지 않다.

기원전 9세기 말, 아시리아는 한때 쇠퇴기를 겪었다. 반면에 기원전 8세기 후반에는 북이스라엘 왕국이 전성기를 누렸으며, 이는 고고학적 조사 결과를 통해 확인되었다. 이 시기 북이스라엘에는 대형 공공 건물이 잇따라 세워지고 수입품이 증가한 듯하다. 그러나 기원전 8세기 후반, 티글라트 필레세르 3세(재위 기원전 744~727년)가 아시리아 왕위에 오르면서 상황이 급변한다. 그는 서방으로 군사 원정을 재개한 데 이어, 정복한 나라 일부를 아시리아의 행정주로 병합했다. 티글라트 필레세르 3세는 아시리아 왕 중 최초로 성서에 이름이 기록된 인물이다.

북이스라엘 왕 므나헴(재위 기원전 747~738년경)이 티글라트 필레세르 3세에게 공물을 바친 사실은 열왕기(열왕기하 15:19~20, 티글라트 필레세르 3세는 '불'이라는 이름으로 등장)와 티글라트 필레세르의 비문에도 언급된다. 또 베가(재위 기원전 737~731/0년) 왕 시대에는 티글라트 필레세르가 북이스라엘을 공격, 북부 지역을 정복하고 주민들을 아시리아로 잡아

티글라트 필레세르 3세의 부조(대영박물관 소장)

갔다는 기록이 있다(열왕기하 15:29). 이후 북이스라엘 왕국은 수도 사마리아 주변으로만 지배력을 미치는 소국으로 전락한다.

또 티글라트 필레세르의 비문에는 최초로 남유다 왕국의 왕 아하스(재위 기원전 735/4~717/6년)가 언급된다. 당시 아하스 왕은 아람 다마스쿠스 왕국(수도는 현재 시리아의 다마스쿠스)과 북이스라엘 왕국 연합군에게 공격을 당했는데, 이를 방어하기 위해 아시리아에 공물을 바쳐 배후에서 양국을 공격하도록 요청한 것으로 보인다(열왕기하 16:5~11).

결국 북이스라엘 왕국은 기원전 722년(또는 720년) 아시리아에 의해 멸망한다. 마지막 왕 호세아(재위 기원전 731/0~723/2년)는 이집트 왕에게 사신을 보내 아시리아의 지배에서 벗어나 보려 했으나, 지원군은 오지 않는다. 아시리아 왕 살만에셀 5세(재위 기원전 726~722년)는 북이스라엘 왕국의 반란을 진압한 후, 주민들을 아시리아로 강제 이주시켰다(열왕기하 17:3~6).

아시리아는 북이스라엘 왕국의 옛 영토에 행정주를 설정하고, 그 후 유다 왕국과 국경을 공유하게 되었다. 기원전 701년, 아시리아 왕 센나케립(재위 기원전 704~681년)은 유다 왕국을 침공했다.

센나케립의 부조

아시리아는 라기스를 정복하고 주민들을 강제로 이주시켰는데, 약 100년 뒤 이 지역은 바빌로니아에 의해 다시 정복되었다(60쪽 참조). 센나케립은 이 라기스 전투의 내용과 당시 잡혀 온 포로들의 모습을 부조로 새겨, 수도 니네베에 있는 궁전의 벽을 장식했다.

이때 유다 왕 히스기야(재위 기원전 728/7~688/7년경)는 예루살렘을 포위당하고도 막대한 공물을 바쳐 무사히 넘어갔던 것으로 보인다(열왕기하 18:13~16). 열왕기에는 당시 아시리아군의 철수를 신의 기적으로 여기는 내용(신의 천사가 하룻밤 사이에 18만 5천 명의 아시리아 병사를 죽임)이 있는데(열왕기하 18:17~19:37), 아시리아 측에는 이 사건에 대한 기록이 없다.

아시리아는 한때 이집트를 지배하며 강력한 세력을 구축했으나, 기원전 669년 아시리아 왕 에살핫돈(재위 기원전 680~669년)이 사망하고, 후계자 다툼으로 촉발된 전투가 장기간 지속되면서 국력이 쇠퇴한다. 그 뒤로는 신바빌로니아 왕국이 새로운 강국으로 두각을 드러낸다. 이 시기 유다 왕국은 쇠퇴해가던 아시리아, 아시리아와 손잡은 이집트, 그리고 새롭게 부상한 신바빌로니아 사이에서 정치적으로 휘둘리는 운명을 맞이하게 되었다.

신들의 전쟁

북이스라엘 왕국은 신의 명령을 거역했다!

고대인은 현대인에 비해 훨씬 깊은 신앙심을 지녔던 것으로 보인다. 그러다가 근대 이후 자연 과학의 눈부신 발전으로 그동안 원인을 알 수 없었던 현상들이 규명되기도 했다. 따라서 현대인은 대체로 모든 현상을 합리적으로 이해하려고 한다.

하지만 고대 세계는 달랐다. 태풍, 지진, 화산, 분화, 일식과 같은 다양한 자연 현상을 초월적 존재와 관련된 현상으로 이해했다. 신의 존재, 그들이 인간 세계에 미치는 영향력은 모든 생활의 바탕이 되었다. 좋은 일이 생기면 신에게 감사했고 나쁜 일이 생기면 신에게 용서를 구했다.

그 세계에서는 인간 집단 사이에 생기는 전쟁도 신들의 전쟁으로 이해했다. 다양한 신을 숭배한 이집트와 메소포타미아에서는 신의 세계에도 서열이 생기게 되었다. 신의 서열은 인간 사회의 서열과 밀접하게 연동되었던 모양이다. 예를 들어 바빌론의 수호신 마르두크는 바빌로니아가 메소포타미아에서 세력을 확장하자 점차 가장 강력한 신으로 인식되었다.

고대 그리스의 서사시 『일리아스』[7]는 트로이 전쟁에 관한 이야기다. 이 장대한 작품은 아카이아인과 트로이인 사이에 벌어진 전쟁과 신들의 세계에서 벌어지는 사건을 함께 엮어 서술한다. 서아시아에서도 전쟁을 치르기 전에는 신의 계시를 구했다. 전쟁의 승패가 신에게 달렸던 것이다. 그러한 모습이 묘사된 성경 구절을 소개한다.

> 다윗은 블레셋 사람들이 그일라를 공격하고 보리밭을 약탈한다는 소식을 전해 듣고 주께 여쭈었다. "제가 가서 블레셋 사람을 쳐야겠습니까?" 주께서 다윗에게 말씀하셨다. "가서 블레셋 사람들을 치고 그일라를 구하여라." 그러나 다윗의 부하들이 말하였다. "우리가 유다 땅에 사는 것만으로도 이렇게 두려운데 어찌 그일라에 가서 블레셋군과 맞서 싸우겠습니까?" 다윗이 다시 주께 여쭈자, 주가 대답하셨다. "일어나 그일라로 내려가라. 내가 블레셋 사람들을 네 손에 넘겨줄 것이다." 다윗과 그의 부하들은 그일라로 가서 블레셋 사람들과 싸웠다. 그들은 큰 승리를 거둔

---

[7] 『일리아스』: 기원전 8세기경 고대 그리스의 음유 시인 호메로스가 쓴 장편 서사시이다. 아카이아인(그리스)과 트로이인(아나톨리아)의 10년 간의 전쟁, 그 마지막 50일 간의 비극을 아카이아의 영웅 아킬레우스를 주인공으로 그려낸 이야기이다.

후 전리품으로 가축을 빼앗아 돌아왔다. 다윗은 그일라 주민을 구원했다.

(사무엘기상 23:1~5)

다윗이 적 블레셋인과의 전쟁을 앞두고 신의 뜻을 구하는 장면이다. 계시가 이루어진 방법에 대해서는 다양한 추측이 제기되었다. 아시리아에서는 양의 배를 갈라 간의 모양으로 신의 뜻을 점쳤다는 것이 밝혀졌다. 유적 조사에서 출토된 간 모형의 점토에서 간의 상태에 따른 해석이 적혀 있었던 것이다.

양의 간 모형의 점토판(기원전 1900~1600년경, 대영박물관 소장)

고대 이스라엘의 계시 방법 중 하나는 문자를 이용하는 것이었다. 히브리어는 알파벳을 사용하므로 아마도 알파벳이 한 자씩 적힌 막대를 제비뽑기하여 신의 메시지를 말로 표현했을 것이다. 또 예언자를 통하는 방법도 있었다. 성서를 통해 살펴보자.

유다 왕 여호사밧이 이스라엘 왕을 찾아왔을 때였다. 이스라엘 왕은 신하들에게 말했다. "너희는 길르앗의 라못이 우리 땅이라는 것을 알지 않느냐? 그런데도 아람 왕의 손에서 그것을 되찾아오려 하지 않고 있다." 그리고 여호사밧에게 말했다. "길르앗의 라못에서 치를 전쟁에 함께해 주시겠습니까?" 여호사밧은 이스라엘 왕에게 대답했다. "나와 당신은 한 몸이고, 나의 백성과 당신의 백성은 하나이며, 나의 말과 당신의 말도 하나입니다." 그러자 여호사밧은 이스라엘 왕에게 말했다. "먼저 주의 뜻을 여쭤는 것이 좋겠습니다." 이스라엘 왕은 4천 여 명의 선지자를 불러 모은 후, "내가 길르앗의 라못에서 전쟁을 하는 것이 좋겠는가, 그만두는 것이 좋겠는가?"라고 물었다. 그들은 "가셔야 합니다. 주께서 그것을 왕의 손에 넘기실 것입니다"라고 대답했다.

(열왕기상 22:2~6)

사실 이후 내용을 보면 예언자들이 말하는 긍정적 계시는 왕의 기분을 거스르지 않기 위한 배려였음을 알 수 있는데, 어쨌든 왕궁에는 이런 직업 예언자들이 있어서 여러 가지 중요한 결정이 필요할 때 신의 계시를 대신 전한 것으로 보인다. 전쟁에 앞서 신의 뜻을 묻고 그에 따라 싸웠다면, 신에게도 전쟁의 승패에 대한 책임이 돌아간다고 여기는 것도 당연하다.

그러한 사고방식을 엿볼 수 있는 구절이 있다. 북이스라엘 왕국의 수도 사마리아가 아람 다마스쿠스 왕국의 군대에 포위되지만, 이스라엘군은 신의 예언에 따라 열세를 극복하고 승리를 거둔다. 다음은 아람 군대가 패배하고 도망친 이후의 장면이다.

> 아람 왕의 신하들이 왕에게 말했다. "그들의 신은 산의 신입니다. 그래서 우리가 더 약했던 것입니다. 그러나 만약 평지에서 싸운다면, 우리가 분명히 더 강할 것입니다."
>
> (열왕기상 20:23)

신하들의 말을 보면 이스라엘군의 배후에는 산의 신이 있어서, 산에서 싸우면 그 신을 믿는 자신들에게 유리하다고 생각하는 것을 알 수 있다. 전쟁이 벌어지면 신의 보호를 받는다는 믿음이 있었다. 다음은 살만에셀 3세의 비문에 있는 카르카르 전투에 대한 내용이다.

> (전략) (일프레니는) 이 12왕의 군대를 지원군으로 삼았다. 나와 싸우기 위해 온 자들이다. 나는 나의 주 아슈르 신이 주신 거대한 힘과 나보다 앞서 나간, 네르갈 신이 축복한 강한 무기로 그들과 싸웠다. 나는 카르카르에서 길자우까지 그들을 물리쳤다. 그들의 병사 만 사천 명을 무기로 쓰러뜨렸다. 나는 아다드 신처럼 그들에게 파괴의 홍수를 쏟아부었다. …(후략)…
>
> 『世界史史料1 古代のオリエントと地中海世界(세계사 사료1: 고대 오리엔트와 지중해 세계)』, 歴史学研究会, 2018, 岩波書店

일프레니는 아시리아와 싸운 연합군의 수장, 즉 하맛 왕국의 왕이었다. 아시리아 왕은 세 명의 신 아슈르, 네르갈, 아다드의 보호로 적을 물리쳤다고 주장한다(이후 상황을 고려하면 이 주장은 과장된 것으로, 아시리아는 승리는커녕 후퇴를 강요당한 것으로 추측된다).

이러한 신념을 품고 전쟁에 진다면, 패배한 쪽은 자신의 신이 상대의 신에게 졌다고 생각하는 것이 당연하다. 북이스라엘 왕국이 아시리아에 의해 멸망했을 때, 당시 북이스라엘 사람들이 패배의 원인을 어떻게 생각했는지 알 길은 없지만, 남유다 왕국의 시점에서 서술한 열왕기는 이웃 나라가 멸망한 이유를 다음과 같이 설명한다.

이 일이 일어난 이유는, 이스라엘 백성이 그들을 이집트 땅, 즉 이집트 왕 바로의 권세에서 구원하신 주 하나님께 죄를 지었기 때문이다. 그들은 다른 신들을 섬기고 주께서 이스라엘 사람들에게서 쫓아내신 이방 나라의 관습과 역대 이스라엘 왕들이 지켜온 잘못된 관습을 그대로 따랐다. 이스라엘 백성들은 그들의 주 하나님 몰래 이 같은 잘못을 저질렀다. 망대에서 성벽으로 둘러싸인 성에 이르기까지, 모든 성에 산당을 세우고 작은 언덕 위와 푸른 나무 아래 어느 곳에나 돌기둥과 아세라 상을 세웠다. 주께서 그들 앞에서 쫓아내신 이방 나라들처럼, 그들은 모든 산당에서 향을 피우고 악을 행하여 주를 진노케 했다. 주의 경고에도 불구하고 그들은 우상을 섬겼다. 주님은 모든 선지자와 예언자들을 보내 이스라엘과 유다에게 엄하게 명령하셨다. "악한 길에서 돌아오라. 모든 율법을 따르고, 내 계명과 율법을 지켜라. 그것은 내가 너희 조상들에게 명령한 것이며, 내 종된 선지자들을 통해 너희에게 전한 것이다." 하지만 그들은 주의 말씀을 듣지 않았다. 주 하나님을 섬기지 않은 그들의 조상들처럼, 그들 역시 고집스러웠다. 그들은 주의 율례와 그들의 조상과 맺은 언약, 그들에게 명령하신 규정을 거부하고 헛된 것을 따랐고, 스스로도 헛된 것이 되었으며 주의 말씀을 어기고 이웃 나라들을 따랐다. 그들은 주 하나님의 모든 계명을 버리고 두 마리의 송아지 형상과 아세라 형상을 만들었으며, 하늘의 별들을 경배하고, 바알을 섬기며, 그들의 아들과 딸을 불 속으로 걸어가게 하기도 했다. 그들은 스스로를 팔아넘김으로써 주의 눈에 악한 일을 행하여 그를 노하게 했다.

주께서는 이스라엘에 진노하시어 그들을 눈앞에서 내쫓으시고 오직 유다 지파만 남기셨다. …(중략)… 주께서는 이스라엘의 모든 자손을 내쫓아 고통을 주셨고 그들을 약탈자들의 손에 넘기셨다. 결국 그들을 주의 눈앞에서 버리셨다. 주께서 다윗의 집에서 이스라엘을 찢어 나누시자, 사람들은 느밧의 아들 여로보암을 왕으로 삼았다. 그러나 여로보암은 이스라엘을 주에게서 떠나게 함으로써 큰 죄를 짓게 만들었다. 이스라엘 백성은 여로보암의 죄를 반복하며 거기에서 벗어나지 못했다. 마침내 주께서는 종된 예언자를 통해 말씀하신 대로, 이스라엘을 눈앞에서 내쫓으셨다. 그리하여 이스라엘은 자기 땅을 떠나 오늘날까지 앗시리아에 잡혀가 있게 된 것이다.

(열왕기하 17: 7~18, 20~23)

이 내용을 기록한 인물은 이스라엘 왕국의 멸망을 아시리아 신들의 승리로 보지 않았다. 그렇게 해석하면, 같은 신을 섬기던 유다 왕국 역시 패배한 신의 나라가 되어 버리기 때문이었다. 그래서 왕국이 멸망한 것은 북왕국 사람들이 신의 명령을 거역하고 이방 나라의 방식으로 제사를 지냈기 때문이라고 설명한다. 이 기록은 멸망한 이스라엘 사람들을 위한 것이 아니라, 유다 왕국 사람들을 대상으로 집필된 것이다. 따라서 저자는 신을 올바르게 숭배하고 그 율례를 지킬 것을 강력하게 호소한다. 그렇지 않으면 유다 역시 같은 길을 걷게 될 것이라는 경고가 담겨있는 셈이다.

바빌론 유수 이후 이러한 신앙적 인식은 일부 유다 포로들 사이에 더욱 확고해지게 된다. 여기에 대해서는 다음 3장에서 자세히 살펴보자.

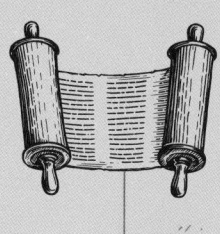

제 3 장

동시대의 충격

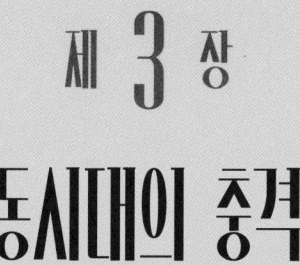

『히브리어 성서』는 언제, 왜 집필되었는가?

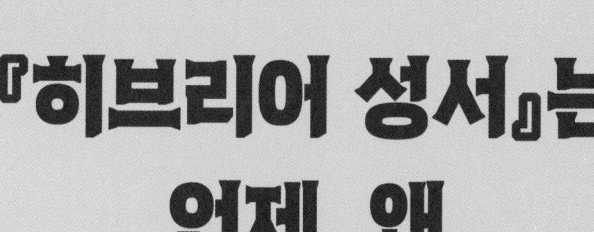

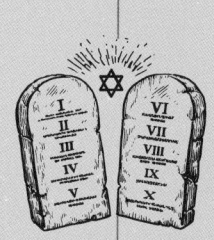

끌려간 땅에서

어떻게 바빌로니아 문화에 동화되지 않았을까

바빌론 유수 시대는 히브리어 성서의 형성에 중요한 역할을 했다. 강제 이주라는 비극적 사건과 바빌로니아에서 체험한 이질적이고 세련된 문화는 유다 포로들에게 큰 영향을 미쳤고 지식인층을 중심으로 새로운 사상을 형성한 것 같다. 이번 3장에서는 포로 시대에 어떤 사상이 형성되었으며, 그것이 히브리어 성서에 어떤 식으로 반영되었는지 살펴보자.

바빌론 유수에 의해 끌려온 유다 왕국 사람들은 어떻게 살았을까? 1장에서는 기원전 597년 제1차 바빌론 유수 때 바빌론으로 잡혀 온 유다 왕국의 왕 여호야긴(재위 기원전 598/7년)의 생활상을 설형 문자 사료를 통해 추측해보았다. 그 외에도 포로 생활에 대해 알 수 있는 자료가 있다. 먼저 다음 시를 읽어보자.

바빌론 강가
우리는 그곳에 앉아
시온을 그리워하며 울었다.

「바빌론의 강가에서」, 게브하르트 푀겔 작(1920년경)

그곳 버드나무에 수금을 걸었다.

우리를 잡아 온 자들이 그곳에서 노래를 청하고,

우리를 괴롭힌 자들이 자신들의 흥을 위해

우리에게 시온의 노래를 부르라고 명령했기에

어찌 우리가 이방 나라에서

주의 노래를 할 수 있으랴

예루살렘아,

만약 내가 너를 잊는다면

내 오른손은 힘을 잃으리라.

만약 내가 너를 기억하지 못한다면,

예루살렘을 가장 큰 기쁨으로 여기지 않는다면,

내 혀는 입천장에 붙어 버리리라.

주여, 기억해주소서.

에돔 사람을,

예루살렘의 그날을,

그들이 "모두 부숴라. 모두 부숴라, 아무것도 남기지 말고 모조리

부숴 버려라"라고 했던 것을.

멸망할 딸 바빌론이여, 파괴자여.

네가 우리에게 행한 일을

너에게 되갚는 자에게, 복이 있을지어다.

네 어린 자식들을 바위에 메치는 자에게 복이 있을지어다.

(시편 137편)

앞의 시는 유다 포로들이 바빌론 강에 앉아 예루살렘을 그리워하며 한탄하는 내용이다. 이 정경은 그림과 음악으로도 다수 만들어졌다. 이 시에 영감을 얻었는지, 일본의 프랑스 문학자 겸 철학자 모리 아리마사(1911~1976년)는 자신의 수필집에 『바빌론을 흐르는 강가에서(バビロンの流れのほとりにて)』라는 제목을 붙였다. 바빌론을 흐르는 강이라면 유프라테스강을 이르는 것일 텐데, 여기서는 복수형이 사용되었으므로 물을 이용하기 위해 만든 인공 운하들을 가리키는 것으로 보인다.

이 시의 저자는 음악가였을까, 아니면 음악가를 상상한 시인이었을까. 수금을 연주할 줄 안다면 직업적인 음악가였을 수도 있다. 바빌로니아인이 시온(예루살렘, 시와 예언에 자주 쓰이는 표현)의 노래를 부르라고 유다 포로들에게 명령하지만, 그들은 지배자의 광대가 되기를 거부하며 포로 신세를 한탄한다.

후반부는 바빌론 유수의 전후 상황과 관련이 있는 듯하다. '에돔 사람'은 유다 왕국 남서쪽에 살던 에돔인[1]을 가리킨다. 그들은 바빌로니아군이 유다 왕국을 정복한 후 어수선한 틈을 타 예루살렘에서 약탈 행위를 저지른 것으로 보인다. 마지막 부분에서는 바빌로니아인에 대

---

1 에돔인: 기원전 1000년기, 사해 남단과 아카바만 일대에 거주하던 셈 계열 민족

한 끔찍한 복수의 욕망을 고백하면서 끝난다. 시편에는 이처럼 신에게 복수를 비는 부분이 더러 있다(시편 3, 5편). 또 시편은 찬송가 가사에 자주 인용되기도 하는데, 아무래도 복수의 시는 찬송에 적합하지 않아서인지 본 적이 없다.

이 시의 창작자가 실제로 바빌론 유수 시대를 겪은 포로인지, 아니면 후대에 포로들의 비극적 상황을 상상한 누군가가 지은 것인지 확인할 길은 없다. 그러나 이 시가 바빌론 유수 이후에 만들어졌으며 그 사건에서 영감을 받았다는 것만은 확실하다. 바빌론 유수는 이렇게 문학 작품의 주제가 될 만큼 큰 영향을 끼친 사건이었다.

이어서 당시 포로들의 생활상을 엿볼 수 있는 동시대 사료를 살펴보고자 한다. 유다 출신 포로로 추정되는 사람들에 대한 문서가 출판된 적이 있다. 그 포로들이 유다 왕국 출신인 것을 어떻게 확신하는지 궁금한 독자도 있을 것이다. 1장에서 확인했듯이 바빌론에서 받은 대우와 관련해 예로 든 여호야긴의 경우, 사료에 '유다의 왕'이라는 칭호가 명시되어 있었다. 반면 이 문서에 언급된 다른 인물들의 칭호에서는 그들이 유다 출신임을 알 수 있는 표현은 확인되지 않는다.

고대 서아시아의 인명에는 신의 이름이나 그 요소가 흔히 사용되었다. 예를 들어 바빌론 유수를 추진한 네부카드네자르(재위 기원전

604~562년) 왕의 이름은 아카드어로 '나부쿠두리우수르'이며 '나부 신이여, 제 후계자를 지켜주소서'라는 뜻이다. 이스라엘 왕 아합(재위 기원전 873~853년경)의 반아시리아 연합군과 카르카르에서 전투를 벌인 아시리아의 살만에셀(재위 기원전 858~824년) 왕의 아카드어 이름 표기는 '살마누아사리두'로 '살마누 신은 우월하다'라는 뜻이다. 아시리아와 바빌로니아는 다신교 사회였기 때문에, 인명에 다양한 신들의 이름이 사용되었다. 따라서 야훼를 국가신으로 믿었던 유다 왕 사람들은 이름에 '야훼'의 요소를 포함한 경우가 많았을 것이다.

실제로 유다 왕국의 왕 '여호야긴', '시드기야'의 이름에는 야훼의 축약형이 포함되어 있다. 여호야긴을 정확히 표기하면 '예호야긴'이며 맨 앞의 '예호'는 신의 이름 야훼의 축약형으로, '야훼가 인정하신다'라는 뜻이 있다. 시드기야는 '체드기야후'로 야훼의 축약형 '야후'가 뒤에 쓰여 '야훼는 정의'라는 뜻이 된다.

유다 왕국 출신이라고 해서 모두 그런 것은 아니지만(예를 들어 다윗, 솔로몬), 이러한 요소가 있는 인명은 야훼를 숭배한다는 것을 짐작할 수 있다. 현재 이스라엘 총리(2025년 6월 기준)는 '베냐민 네타냐후'인데, 그의 성인 '네타냐후'는 '야훼가 주셨다'라는 뜻을 지닌다. 이와 거의 비슷한 이름을 가진 인물로 이스라엘 초대 왕 사울의 아들이자 다윗의 친구인 '요나단'이 있다.

유다 포로들에 대한 정보를 알 수 있는 '알 야후드 문서(Al-Yahudu Tablets)'라는 자료가 있다. 이 문서군은 점토판에 설형 문자로 기록된 것으로, 현재까지 약 절반에 해당하는 100여 장이 출판되었다. '알 야후드'는 아카드어로 '유다의 도시'를 의미하는데, 여기서 말하는 도시는 유다 왕국이 아니라 바빌로니아 모처에 있던 도시이다.

아쉽게도 이 문서는 고고학 조사를 통해 출토된 것이 아니라, 도굴된 후 골동품 시장에 떠돌다 개인 수집가들의 손에 들어온 것이기 때문에 출처가 불분명하다. 다만 문서의 내용으로 미루어 볼 때, '유다의 도시'는 수도 바빌론에서 남동쪽으로 떨어진 니푸르 인근, 혹은 그보

점토판에 설형 문자로 적힌 '알 야후드 문서'의 일부

다 더 남동쪽 지역에 있었을 가능성이 높다.

어쨌든 '유다의 도시'라는 공동체가 바빌로니아에 있었다는 사실에서, 유다 포로들은 고향 사람들끼리 마을을 이룰 수 있었다는 것을 알 수 있다. 가장 오래된 문서는 기원전 572년, 제2차 바빌론 유수로부터 약 15년 후의 것이고, 가장 최근 문서는 기원전 477년, 아케메네스 왕조 페르시아 시대의 것이다. 페르시아 시대에는 바빌론 유수에서 귀환한 사람들이 예루살렘에 공동체를 이루었는데, 그때 돌아오지 못하고 바빌로니아에 남겨진 사람들이 있다는 내용이 '알 야후드 문서'에 기록되어 있다.

이 문서는 상거래 기록, 계약서 등이 담긴 경제 문서이다. 문학 작품이 아니므로 사람들의 사상을 알 수 있는 정보는 부족하지만, 포로들의 생활에 대해 객관적 정보를 제공하는 제1급 사료이다. 이 문서에 언급된 총 400여 명의 인명 중, 약 3분의 1에 해당하는 140여 명은 이름에 '야훼'를 뜻하는 요소가 있다. 이것도 '유다의 도시'와 마찬가지로 이 공동체가 주로 유다 출신 포로와 그 자손으로 이루어져 있다는 것을 뒷받침한다.

이 문서를 통해 유다의 포로들에게 땅이 분배되고, 그것을 반자율적으로 운용했다는 것이 밝혀졌다. 또한 그중에는 직책을 맡은 사람도 있었다는 점에서, 유다 포로들이 바빌로니아에 종속되긴 했지만 노예처럼 혹사만 당한 것은 아니라는 것을 알 수 있다. 물론 자유롭게 그 지역을 떠날 수는 없었고, 아마도 이런저런 노역에 동원되었을 것이다.

그래도 시편 137편에 묘사된 것처럼 절망에 빠진 포로의 모습이 아닌, 한층 강인한 포로들의 생활상이 상상되지 않는가. '알 야후드 문서' 외에 '무라슈 문서'에도 이름에 야훼를 뜻하는 요소가 있는 사람이 백여 명 언급되는데, 그중에는 경제적으로 성공한 사람도 있다는 것이 밝혀졌다.

바빌로니아에서 같은 고향 사람들끼리 공동체를 이룬 것은 유다 포로들뿐이었을까. 바빌로니아에서 출토된 다른 문학 사료에 따르면, 이렇게 특정 집단의 이름이 붙은 공동체는 그 외에도 많았다. 그중에는 현재 시리아 북부에 위치한 네이라브 출신의 포로들이 있었다. 그들도 바빌론 유수 때 강제로 이주당한 뒤, '네이라브(인)의 도시'라는 곳에 정착해서 살다가 페르시아 시대에 해방되어 고향으로 귀환했다. 이 문서를 보면, 유다 포로들이 바빌로니아에서 특별한 위치에 있지 않았다는 것, 여러 다른 집단도 포로 생활에서 해방되어 귀환했다는 것을 알 수 있다.

하지만 그 후 다른 집단들은 역사 속으로 사라진 반면, 유다 사람들은 정체성을 지키며 자신들의 사상을 문서로 남겼다. 그들은 어떻게 바빌로니아 문화에 동화되지 않고 자신의 정체성을 지킬 수 있었을까.

야훼의 신상은 있었는가

우상숭배의 허무함을 경고한 히브리어 성서

문학의 배경에는 사상이 있다. 바빌론 유수는 히브리어 성서의 형성에 매우 중요한 역할을 한 사건이다. 거꾸로 바빌론 유수가 없었다면 오늘날 히브리어 성서는 없었을 것이며, 지금의 유대교와 이를 모태로 등장한 기독교와 이슬람교도 없었을 것이다. 바빌론 유수는 그만큼 당시 유대인과 그 후손에게 매우 큰 영향력을 미쳤다.

2장에서 보았듯이 당시 서아시아 사람들의 전쟁은 신들의 전쟁이기도 했기 때문에 예루살렘 정복은 야훼가 바빌로니아 신들에게 패배한 것과 다름없었다. 서아시아 사람들은 이러한 패배를 신의 징벌로 받아들였다.

메소포타미아에서는 신도 인간처럼 산다고 믿었고 성전은 곧 '신의 집'과 같았다. 하지만 신은 인간과 달리 일을 하지 않으므로 사람들은 신 대신 일하고 음식물을 공물로 바쳤다. 신상이 도시의 성전에 있고, 그것을 도시 주민들이 잘 모시면 신이 그들을 보호한다고 여긴 것이다. 따라서 신상이 모종의 이유로 도시에서 사라지면 자신들을 보호할 신이 없는 것으로 생각했다.

바빌론의 수호신은 마르두크였다. 기원전 18세기 후반 함무라비 왕(재위 기원전 1792~1750년)이 세력을 확장하며 바빌로니아를 도시국가에서 영역국가로 만든 이후, 바빌론은 메소포타미아에서 매우 중요한 도시가 되었다. 이와 더불어 마르두크도 메소포타미아의 신 사이에서 지위가 상승하게 된다. 마르두크의 성전은 '에사기라'라고 불렸고, 그곳에 마르두크의 신상이 안치되었다.

메소포타미아에서 가장 중요한 도시로 부상한 바빌론은 오랫동안 외적의 공격에 시달렸다. 정복한 도시의 성전에서 신상을 탈취하는 행위도 서아시아 세계에서는 흔한 일이었다. 마르두크 신상도 예외는 아니었다. 기원전 13~12세기에 아시리아 왕과 에람 왕이 각각 바빌로니아를 침략하여 신상을 훔쳤다는 기록이 있다. 이 기록에는 아시리아 왕 투쿨티 니누르타 1세(재위 기원전 1244~1208년경)가 "마르두크를 그의 거처에서 옮겼다"라는 내용과, 바빌로니아의 네부카드네자르 1세(재위 기원전 1124~1103년)가 신상을 되찾기 위해 에람으로 원정을 떠났다는 내용이 있다.

이러한 일은 기원전 1000년기에도 일어났다. 유다 왕국을 공격한 아시리아 왕 센나케립(재위 기원전 704~681년)은 대규모 공격으로 바빌론을 파괴했다. 바빌로니아 측 기록에는 "벨(마르두크의 별명)은 아슈르에 머물렀다"고 되어 있다. 이것은 마르두크 신상이 아시리아의 고도 아슈르로 옮겨졌다는 뜻이다. 센나케립의 후계자이자 폐허가 된 바빌론을 재건한 에사르하돈(재위 기원전 680~669년)은 자신의 비문에 "위대한 주 마르두크가 진노했기" 때문이라고 그 이유를 설명한다. 즉, 마르두크 신상이 바빌론에서 사라진 것은 바빌론 사람들이 마르두크를 분노하게 했기 때문이라는 것이다. 그러나 뒤에는 "마르두크는 바빌론으로 돌아가기로 결심했다"라고 되어 있다. 에사르하돈이 바빌론 성전으로 신상을 돌려놓고 그 행위에 정당성을 부여한 것이다. 바빌론 유수를 경험한 유다 사람들에게도 이러한 사고방식이 있었다.

왕국 시대, 북이스라엘 왕국과 남유다 왕국의 성전에 야훼의 신상이 있었는지는 알 수 없다. 일부 예루살렘 성전에 야훼의 신상이 있었다고 보는 의견도 있다. 예를 들어 야훼의 영광을 찬양하는 시편 24편에는 "영원한 문들아, 고개를 들고 문을 올려라. 영광의 왕께서 들어가신다"(7~9절)라는 구절이 있다. 이것이 야훼의 신상이 축제에서 도시를

아르슬란 타슈에서 출토된 황소 위에 올라탄 아다드 신의 부조(기원전 8세기, 루브르박물관)

행진하며 예루살렘의 문(또는 성전의 문)으로 들어가는 장면이라는 주장이다. 이 지역에 큰 영향을 미친 메소포타미아에 이 모습과 비슷한 제사가 있었기 때문에 그럴 가능성도 전혀 없지는 않다.

그러나 십계에서 우상숭배를 금지하고(출이집트기 20:4~5, 신명기

5:8~9), 그 허무함을 무수히 경고한(이사야서[2] 2, 40, 44, 45장 등) 히브리어 성서의 저자, 즉 고대 이스라엘 사람들이 야훼의 상을 만들고 그것을 숭배했다는 것은 납득하기 어렵다.

2장에서 북이스라엘 왕국의 멸망 원인으로 우상숭배를 지적했는데(열왕기하 17장), 거기서 비난의 대상이 된 우상은 '금송아지'였다. 이는 야훼의 형상이 아니었다는 점에 주의해야 한다. 고대 서아시아에서 이러한 동물은 신이 앉거나 서 있는 대상이었기 때문에 보이지 않는 신의 임재를 상징했을 가능성이 있다.

다른 신의 사례이긴 하지만, 사람들이 동물만 숭배한 것으로 보이는 당시의 도상 자료도 있다. 따라서 신상 없이 동물 형상만 제작된 경우도 충분히 있을 수 있다. 다만 우리가 아는 히브리어 성서는 그보다 우상숭배를 엄격하게 금지한 후대에 만들어졌다는 것을 상기해야 한다. 그래서 실제로 왕국 시대에 그러한 신상이 있었다고 해도 언급이 안 되었을 것이고, 문헌에도 증거가 남지 않았을 것이다. 히브리어 성서는 유일신교인 유대교의 경전이기 때문에, 그 안에서는 세계를 창조한

---

[2] 이사야서: 『히브리어 성서』의 후기 예언서에서 '3 대예언서'(171쪽 표 참조) 중 하나이다. 총 66장이며 보통 3개 장으로 나뉜다. 제1장은 기원전 8세기경의 예언자 이사야의 예언, 제2장은 바빌론 유수 시대의 예언, 제3장은 바빌론 유수에서 해방된 후의 예언을 담고 있다.

알라자 후유크에서 출토된 후기 히타이트 시대의 석판인 오르토스타트(기원전 14세기)로, 날씨의 신을 상징하는 황소 형상 앞 제단에 선 지배자 부부의 모습을 볼 수 있다.

야훼가 유일신으로 존재하는 것을 전제로 한다고 볼 수도 있다. 그런데 성서를 자세히 보면, 다신교까지는 아니어도 야훼가 여러 신 중에 가장 높은 신으로 묘사된 장면들도 있다.

메소포타미아에서는 신상에 의복을 입히고 그것을 정기적으로 교체하는 의식이 있었다. 유다 왕국의 왕 요시야(재위 기원전 639~609년)는 예루살렘 성전에서 분실된 '율법의 서[3]'를 되찾아 잘못된 제사 관행을

---

3 율법서: 『히브리어 성서』의 맨 처음 다섯 편인 '창세기, 출이집트기, 레위기, 민수기, 신명기'를 '율법서'라 하는데, 특히 여기서는 신명기의 일부를 가리키는 것으로 추측된다.

개혁한 신앙심 깊은 왕이었다. 그는 유다의 왕 중에서도 다윗에 버금가는 훌륭한 왕으로 묘사된다(열왕기하 22:2). 이 요시야의 '종교 개혁'을 묘사한 부분에 다음과 같은 내용이 있다.

또 주의 성전에 있던 남창의 집을 모조리 파괴했다. 그곳은 여인들이 아세라를 위해 천을 짜는 곳이기도 했다.

(열왕기하 23:7)

아세라로 추정되는 토우(이스라엘 헤흐트박물관 소장)

아세라는 야훼의 배우자로 추정되는 여신이다. 고대 서아시아에서는 신도 결혼을 한다고 생각했다. 만약 이 내용이 사실을 반영한 것이라면 유다 왕국도 메소포타미아처럼 신상의 의복을 만들고 정기적으로 교체했을 가능성이 있다. 다만 요시야의 제사 개혁이 잘 이루어졌다는 직접적인 증거는 아직 없으므로, 이 구절을 근거로 유다 왕국에 아세라 신상이 있었다고 단정할 수는 없다. 또 이것이 야훼의 신상은 아니었다는 것에 주의해야 한다.

필자는 왕국 시대, 야훼의 신상이 예루살렘 성전 내부에 있었을 가능성을 완전히 부정하지는 않는다. 다만 신의 임재를 상징한 것은 북이스라엘 왕국의 경우 송아지 형상, 예루살렘 성전의 경우 언약궤, 성궤[4] 등의 상자였을 가능성이 더 높다고 본다. 그렇지 않다면, 유다 왕국의 시점에서 기록된 열왕기가 북이스라엘 왕국의 송아지 형상을 두고 야훼 신상이 아니라는 이유로 비난하는 점을 설명하기 어렵기 때문이다. 또 유다 왕국보다 더 번영한 이스라엘 왕국에 야훼 신상 없이 송아지 형상만 있었다는 설명도 이치에 맞지 않게 된다.

---

4   언약궤, 성궤: 십계가 새겨진 두 장의 돌판이 들어있는 상자

야훼는 마르두크에게 패배했는가

바빌론 유수 시대에도 야훼 신앙은 굳건했다!?

신상의 유무를 떠나 바빌로니아 왕국이 정복된 것은 사실이기 때문에 쉽게 생각하면 야훼는 마르두크에게 패했다고 볼 수 있다. 유다 포로들도 같은 생각이었는지는 모르겠지만, 적어도 '알 야후드 문서'에 적힌 포로들의 이름에 여전히 '야훼'의 요소가 많이 남아 있었던 것으로 보아 믿음은 변함없었던 것 같다.

일본은 제2차 세계대전의 패전국이다. 일본인들은 전시 중에 국가 신도와 결합된 형태로 일왕을 숭배했고 전국 각지의 신사에서 승전을 기원했다. 전쟁에 패했다고 해서 사람들이 참배를 멈추고 승전국인 미국을 따라 교회를 가게 되었을까? 그런 사람도 있었겠지만 현대 일본의 기독교인 비율은 별로 높지 않다. 일본인이 전쟁에 패하여 미국으로 끌려간 것은 아니니, 이 비유는 부적절할 수도 있겠다.

열왕기하 17:24~28에는 북이스라엘 왕국 멸망 후 아시리아 왕의 명령에 따라 사마리아 지역으로 이주한 사람들이 '토지의 신' 야훼를 숭배하게 된 과정이 나온다. 거기에는 놀랍게도 새로운 주민들이 야훼를 경외하지 않자, 야훼가 사자를 풀어 그들을 죽였다는 내용이 있다. 물론 사실 여부는 알 수 없지만 어쨌든 여기서는 이스라엘 사람들을 특별한 민족으로 선택하고 그들과 언약을 맺은 야훼, 세상을 주관하는 창조신 야훼의 이미지와는 동떨어진 모습이 제시된다.

사마리아의 새로운 주민들처럼, 유다 포로 중에도 강제로 끌려온 바빌로니아에서 그 땅의 신을 숭배하게 된 사람들이 있었을 것이다. 야훼가 마르두크에게 패배한 것과는 별개로, 자신이 살게 된 땅에서 전통적으로 숭배하는 신이기 때문에, 또는 그곳 사람과 결혼하게 되어 그들의 신을 숭배하게 되었을지도 모른다.

'알 야후드 문서'에서 밝혀진 흥미로운 사실이 있다. 한 사람의 이름이 어떤 문서에서는 '야훼'의 이름 요소로, 다른 문서에서는 '벨'의 이름 요소로 표기되어 있었던 것이다. 각각 야후살우수르, 벨살우수르였는데 전자는 '야훼여, 왕을 지키소서', 후자는 '벨이여, 왕을 지키소서'라는 뜻이다. 후자는 우연히도 바빌로니아의 마지막 왕 나보니도스(재위 기원전 556~539년)의 아들이자, 다니엘서[5]에 나오는 벨사살이라는 인물과 이름이 같다. 벨은 아카드어로 '주인'을 뜻하며 마르두크, 즉 바빌

---

5   다니엘서: 『히브리어 성서』의 '성문서'(171쪽 표 참조) 중 하나이다. 바빌로니아에 끌려간 다니엘이 시련을 극복하고 출세하는 과정을 그린다. 다니엘서는 이 내용을 통해 범죄자의 왕국은 영원하지 않으며 역사는 신이 지배한다는 것을 시사한다. 기원전 2세기경 시리아의 왕 안티오코스 4세에게 핍박당하는 유대인을 격려하기 위해 집필되었으며 다니엘은 가공의 인물이다.

바알 상(루브르미술관 소장)

론의 수호신을 일컫는다. 이러한 일이 생긴 이유는 다음과 같이 추측된다.

첫째, 야훼와 마르두크의 습합[6]을 고려할 수 있다. 서아시아에서는 신들의 습합 현상이 드물지 않았다. 예를 들어 메소포타미아에서 주로 숭배한 금성 여신이자, 전쟁과 연애를 주관하는 이슈타르는 이 지역에

---

6 습합: 서로 다른 신이나 교리를 융합하는 것

서 훨씬 오래전부터 숭배하던 수메르인의 여신 '인안나'와 습합된 여신이었다.

야훼도 남레반트에서 훨씬 오래전부터 숭배한 '벨'과 '바알' 신이 습합되었을 가능성이 있다. 또 바알은 아람인이 숭배한 폭풍의 신 '하다드'(아카드어로는 '아다드', 수메르인의 신 '이쉬쿠르')와 동일시된다. '바알'이 '주인'을 뜻한다는 점에서, 하다드를 두려운 존재로 여겨 점차 그 이름을 직접 부르지 않게 되었다는 설도 제기되었다. 야훼가 오늘날 성서에서 대부분 '주'로 번역되는 것과 비슷하다. 한편 바알, 하다드, 아다드는 종종 황소를 탄 모습으로 묘사되는데, 이는 황소의 울음소리가 폭풍과 천둥을 떠올리기 때문인 듯하다.

만약 히브리어 성서에 나오는 바알이 바빌론 유수 시대의 벨과 동일한 신이라면, 사람 이름에 야훼나 벨, 어떤 요소가 포함되어 있든 결국 동일한 신을 가리킨다고 볼 수도 있다. '야후(/벨샬)우수르'가 본인의 의지로 야후도 쓰고 벨도 쓴 것일까? '벨샬우수르' 쪽에서 문서를 만든 사람이 야훼와 벨을 같은 신으로 여겨 '벨'이라고 쓴 것일까? 즉 습합이 본인의 생각인지, 문서 제작자의 생각인지 그 부분은 상상에 맡길 수밖에 없다.

설형 문자는 본래 수메르인들이 수메르어 표기를 위해 고안한 문자

체계다. 이후 메소포타미아 문명의 주체가 된 셈 계열[7] 사람들은 설형 문자를 계승하여 아카드어를 표기하는 데 사용했다. 설형 문자는 음절을 표현하는 표음문자, 하나의 단어를 표현하는 표어문자로 사용되었다. 그래서 설형 문자로 된 아카드어에는 하나의 문자에 읽는 방법이 여러 가지인 경우가 있었다.

예로 든 아카드어 문서에는 '야후'가 표음문자, '벨'이 표어문자로 적혀 있었다. '벨'이 '주인'을 뜻하고, 야훼 역시 헬레니즘 시대에 '주'를 뜻하는 '아도나이'로 불렸다는 점을 고려하면, '벨'은 마르두크가 아니라 야훼를 '주'의 의미로 표현한 것일 수도 있다.

성서에 반영된 바빌로니아 문화
바벨탑의 원조는 바빌론에 있었다!

필자는 사이타마현 시골에서 자랐다. 고향 사람들은 쇼핑을 위해 중심지에 나갈 때 '시내에 간다'라는 표현을 썼다. 고등학교는 기차로 한 시

---

[7] 셈 계열: 셈어를 쓰는 셈어족의 총칭이다. 아랍인, 이스라엘인, 에티오피아인, 고대 아시리아인, 페니키아인을 포함한다. 셈은 노아의 장남이자 유대인의 시조로 추정된다.

간 정도 떨어진 현 북부의 (지금 생각하면) 소도시였는데, 그곳은 나에게 눈부신 번화가처럼 느껴졌다. 거리는 인파로 넘쳤고 신칸센이 정차하는 역도 있었다. 그러다가 필자가 대학에 들어가면서 살게 된 도쿄는 화려한 대도시였다. 고향에서는 시내에 있다 버스로 집에 가려면 평일 저녁 8시 전에 막차를 타야 했고(하루에 편도 8대), 애초에 저녁 8시면 거리에서 인적을 보기가 힘들었다(12월 밤 축제 때는 예외).

반면 도쿄는 한밤중에도 기차가 다니는 곳이 있었고 거리는 언제나 많은 사람으로 붐볐다. 도쿄에 대한 첫 기억은 초등학생 시절, 친척 손을 잡고 갔던 선샤인60(높이 239.7미터) 빌딩이다. 끝없이 솟아오른 빌딩 끝이 아무리 올려다봐도 보이지 않아, 그 높이에 무척 놀랐던 기억이 생생하다.

고대 서아시아의 문명 중심지는 메소포타미아였다. 유프라테스강과 티그리스강 상류의 삼림 지대에서 흘러 들어온 비옥한 토양 덕분에 풍부한 작물을 키워 많은 인구를 부양할 수 있었다. 그래서 이 지역에 도시가 형성되고 문자가 발명되었으며, 축적된 부를 바탕으로 값비싼 물품의 교역이 이루어졌다. 니네베, 바빌론처럼 거대한 제국의 수도는 규모나 문화 수준 면에서 유다 왕국의 수도 예루살렘과 비교가 되지 않았을 것이다. 바빌론에서 출토되어 현재 베를린 페르가몬박물관에 복

베를린 페르가몬박물관에 복원된 이슈타르 문

원·전시 중인 이슈타르 문은 많은 현대인을 압도한다.

마르두크의 에사기라 성전 옆에는 에테메난키(하늘과 땅의 기둥이 되는 집)라는 지구라트가 건설되었다. 문헌에 따르면 이 건축물은 정사각형 한 변이 91미터, 높이 91미터, 총 7층 규모라고 한다. 21세기 초의 발굴 조사에서는 바닥 면적이 확인되어, 높이가 최대 60미터를 넘지 않았을 것이라는 주장도 제기되었다. 그러나 예루살렘에는 그런 탑이 없었고, 메소포타미아에도 그 정도 규모는 많지 않았을 것이다. 만약 유다 포로들이 그곳으로 끌려왔다면, 필자가 선샤인60 빌딩을 처음 보았을 때처럼 이 탑을 보고 매우 놀라지 않았을까. 에테메난키는 아시리아의

에테메난키 복제모형

비석에 새겨진 네부카드네자르2세(우)와 에테메난키(좌)

센나케립에 의해 파괴되어 네부카드네자르 2세의 아들 나보폴라사르(재위 기원전 625~605년)가 재건에 착수했다. 그리고 완공된 시기는 네부카드네자르 시대였으므로 바빌로니아에 끌려온 유다 포로 중에는 이 건설 사업에 투입된 사람도 있었을 것이다. 열왕기하 24:14에 제1차 바빌론 유수 당시, '모든 기술자'가 끌려갔다는 내용, 네부카드네자르가 이 건설 사업에 전 국민을 동원했다고 비문에 적은 것을 고려할 때 이 가설은 타당성이 있다.

「바벨탑」, 피테르 브뢰헬 1세 작(1563년경, 빈미술사미술관 소장)

창세기[8] 11:1~9에는 유명한 '바벨탑'에 대한 이야기가 있다. 이 짧은 이야기는 노아의 대홍수 이후 사람들이 '온 땅 위에 흩어지지 않기 위해' 도시와 '하늘에 닿는' 탑을 세우려는 장면으로 시작된다. 이러한 시도는 야훼가 사람들끼리 언어를 통하지 않게 하는 바람에 실패로 돌아간다. 이야기는 이 도시가 '바벨'이라는 이름으로 불렸다고 하며 마무리된다.

여기에 나오는 바벨탑의 모티브는 바빌론의 에테메난키일 것이라는 가설이 설득력을 얻고 있다. '바벨'은 바빌론의 히브리어 표기이다. 서아시아에는 다양한 언어가 존재했기 때문에, 광활한 바빌로니아 땅에서 그들의 영향권 아래 각지의 사람들이 모여 건설에 참여했다면, 언어 차이로 인한 의사소통의 어려움이 생겼을 가능성이 높다.

또 나보폴라사르의 비문에는 에테메난키의 높이를 하늘처럼 하라고 명했다는 내용이 있다. 이것은 마치 바벨탑 이야기에서 인간이 쌓으려 한, 하늘에 닿는 탑을 연상시킨다. 만약 이 가설이 맞다면 창세기 11장의 바벨탑 이야기가 성립하는 시기는 유대인들이 바빌로니아에 끌려간 이후가 된다.

---

8   창세기: 『히브리어 성서』의 '율법서'(171쪽 표 참조) 중 하나이다. 총 50장이며 천지와 인류 창조의 시작, 이스라엘 민족의 기원 등을 담고 있다.

창세기 6~8장의 '노아의 홍수', '노아의 방주' 이야기도 비교적 잘 알려져 있다. 독자 여러분도 한 번쯤 들어 본 적이 있을 것이다. 이 이야기는 신이 온 세상의 생물을 홍수로 멸하고, 노아라는 의인에게 가족 및 짝을 이룬 동물만 방주에 태워 구조하게 했다는 내용을 담고 있다.

사실 이 이야기는 메소포타미아 문학 작품의 영향을 받았을 것이라는 의견이 있다. 약간의 차이는 있으나 신이 일으킨 홍수를 피하기 위해 방주에 오른 인물이 등장하는 이야기가, 메소포타미아 문학 작품에 있기 때문이다. 하지만 큰 차이가 있는데, 여러 신을 전제로 하는 메소포타미아 문학 작품은 홍수를 일으키는 신과 홍수를 피하게 하는 신이 다르다는 점이다. 창세기에서는 하나의 신이 모든 일을 주관한다.

그중에서도 가장 비슷한 작품은 고대 메소포타미아 문학의 걸작인 『길가메시 서사시』[9]이다. 이 서사시가 수록된 점토판이 기원전 7세기 아시리아의 도시 니네베에서 발견되었다. 이 도시는 바빌로니아와

---

[9] 『길가메시 서사시』: 고대 메소포타미아의 영웅 길가메시를 주인공으로 한 서사시이다. 길가메시는 기원전 3000년 초, 메소포타미아의 도시 우루크의 왕으로 알려진다. 이 작품에는 우트나피쉬팀이라는 노인이 신들이 일으킨 홍수로부터 생물을 구하기 위해 거대한 배를 만들어 도망친 경험을 이야기하는 장면이 나온다.

『길가메시 서사시』가 기록된 점토판

메디아에 의해 정복되었기 때문에, 그와 비슷한 홍수 이야기가 아시리아와 바빌로니아에 전해졌을 가능성이 있다. 그것을 유다 포로가 듣고 일신교에 맞게 고쳐서 창세기에 실었을 가능성도 충분하다. 이처럼 히브리어 성서에는 바빌로니아 문화의 영향으로 창작되거나 영감을 받

기원전 600년경 바빌론시의 복제모형

은 듯한 이야기가 많다. 바빌로니아 문화가 유다 포로들에게 끼친 영향력의 크기를 짐작할 수 있을 것이다.

야훼 성전을 둘러싸고

예루살렘 밖에 있던 야훼의 성전

예루살렘의 야훼 성전은 바빌로니아군이 파괴한 것으로 추정되는 대규모 피해를 입었다. 주인이었던 사람들이 바빌로니아로 끌려간 이후 유다 땅에 남은 이들이 여전히 야훼를 숭배했는지, 그렇다면 어떤 방식으로 신앙을 유지했는지는 확실히 알 수 없다. 신이 거하는 성전과 제단이 없으면 제사를 드릴 수 없다. 바빌론에서 마르두크 신상이 옮겨진 사이, 바빌론에서 신년제가 거행되지 않았다는 것은 기록을 통해 밝혀졌다. 따라서 성전 자리에서 형식적으로 제사를 지냈다 해도 야훼의 임재를 상징하는 '신의 궤' 없이는 제사의 효과에 의문이 제기되었을 것이다.

바빌로니아는 어땠을까. 그동안 문헌이나 고고학 조사 결과상으로는 바빌로니아에서 야훼의 신상이 만들어졌다는 결정적 증거가 없었다. 따라서 바빌론 유수 이전, 예루살렘 성전에서 지내던 제사를 포로가 된 바빌로니아에서도 이어서 했는지는 정확히 알 수 없다. 반면 이집트에서는 야훼의 성전이 세워졌던 것으로 밝혀졌다. 기원전 525~404년까지 이집트는 아케메네스 왕조 페르시아 제국의 지배를 받았다. 페르시아는 이집트를 손에 넣기 위해 북으로는 나일 델타 지방부터 남으로는 아스완의 나일강 제1폭포까지 이집트 전역에 주둔지를 설치했다. 주둔지에 체류한 병사들은 대부분 외국인 용병이었으며, 집과 땅을 받아 생계를 유지하는 대신 방위, 상인 보호 등 다양한 의무를 수행했다.

'엘레판티네 문서'의 일부로, 엘레판티네 야훼 성전의 재건을 요구하는 편지이다.

이 용병 집단에는 야훼 숭배자들이 있는 군사 주둔지도 있었다. 가장 잘 알려진 곳은 당시 이집트 남쪽 국경에 위치한 엘레판티네 섬이다. 20세기 초 야훼(야호)의 성전에 대한 내용이 적힌 아람어 파피루스 문서가 이곳에서 발견되었고, 이후 대규모 발굴 조사가 이루어졌다. 조사에 따르면, 이곳에 있던 약 6미터×16미터 규모의 야훼 성전에서 희생 제물이 바쳐졌다는 것이 밝혀졌다.

'엘레판티네 문서'에 따르면, 캄비세스 2세(재위 기원전 529~522년)가 기원전 525년 이집트 정복에 나서기 전, 이미 이곳에 야훼의 성전이 있었던 것으로 보인다. 그렇다면 페르시아 시대에 용병으로 왔던 외국인 중에는 훨씬 오래전부터 이곳에서 야훼를 숭배한 사람들이 있었다는 이야기가 된다. 하지만 정확한 시기는 아직 밝혀지지 않았다. 기원전 7세기부터라는 설, 기원전 579년 제1차 바빌론 유수 이후라는 설도 있다. 최근에는 그들이 유다 왕국이 아니라 북이스라엘 왕국 출신이라는 설도 제기되었다. 이 성전은 기원전 410년 한 차례 파괴되었고 곧바로 재건되었으나, 기원전 4세기 이후에는 방치된 것으로 보인다. 성전이 파괴된 후 이곳의 야훼 숭배자들이 예루살렘 성전에 도움을 청했다는 문서가 발견되었다.

이곳 사람들이 남유다 왕국이 아닌 북이스라엘 왕국 출신이라면,

바빌로니아에 의해 예루살렘 성전을 상실한 일로 큰 영향을 받지는 않았을 것이다. 기원전 7세기 요시야 왕의 '종교 개혁' 이후 예루살렘의 야훼 성전만을 국가의 공식 성전으로 인정한 남유다 왕국과 달리, 북이스라엘 왕국은 곳곳에 야훼를 숭배하는 장소가 있었기 때문이다. 따라서 북이스라엘 왕국 출신이라면 이주지에 성전을 세웠을 것이라고 보는 것이 더 타당하다.

율법의 형성

야훼를 숭배하는 자가 지켜야 할, 신의 명령

이번에는 유다 포로들이 바빌로니아에 야훼 성전을 짓지 않았다고 가정해보자. 바빌로니아의 유다 포로들은 이주 직후부터 고향으로 돌아갈 희망을 품었을 것이다. 그렇다면 귀환 후 예루살렘을 재건할 것이라는 희망이 있었기 때문에 바빌로니아에 성전을 새로 짓지 않았을 가능성이 있다. 대신 고대 서아시아의 전통 종교와 달리 희생제의[10] 없

---

10 희생제의: 곡물과 죽인 동물을 신에게 바치는 제의

이도 야훼를 숭배하는 새로운 방식을 고민할 필요가 있었다. 이 과정에서 중요한 역할을 한 것이 율법[11]이었다.

히브리어 성서에는 신이 희생보다 명령에 순종하는 것을 기뻐한다는 내용이 자주 등장한다(사무엘기상 15:22, 예레미야서 6:20, 7:22~23, 호세아서 6:6, 8:13, 아모스서 5:22, 시편 51:18, 잠언 21:3 등). 이러한 사상이 어느 시대에 시작되었는지는 알 수 없다. 어쩌면 성전을 잃은 후 비로소 생겼을지도 모른다. 호세아서와 아모스서는 북이스라엘 왕국의 예언자 호세아와 아모스의 활동과 예언을 기록한 것이다. 따라서 예루살렘 성전과 직접적인 관련은 없어 보이지만 이러한 이야기(예언서[12])는 후대에 유다의 시선으로 편집되었다는 것이 연구자들의 공통적인 의견이다. 그 기원이 언제든, 유다 포로들이 바빌로니아에서 제사를 지내지 않은 대신 신의 말씀, 즉 율법에 순종하는 것을 중시했다고 생각하면 앞뒤가 맞지 않을까.

그렇다면 다음으로 중요한 것은 신이 명령한 율법을 제정하는 일이

---

11 율법: 신의 명령과 규율로 『히브리어 성서』의 '율법서'에 수록되어 있다. '모세5경'이라고도 하며 창세기, 출이집트기, 레위기, 민수기, 신명기로 이루어져 있다(171쪽 표 참조).

12 예언서: 『히브리어 성서』 중 예언자의 메시지를 주로 전하는 내용(171쪽 표 참조)으로 전기 예언서와 후기 예언서로 이루어진다. 전기 예언서는 여호수아기, 사사기, 사무엘기, 열왕기의 4편이고 후기 예언서는 '3 대예언서'인 이사야서, 예레미야서, 에스겔서와 '12 소예언서'인 호세아서, 아모스 등 15편이다.

다. 관습이 된 사항 이미 율법에 있는 사항(신명기[13]의 일부로 추측)을 야훼를 숭배하는 자로서 지켜야 할 '율법'으로 정리했고, 거기에 신의 권위를 부여해야 했다. 하지만 그 과정은 지난한 세월이 필요했다. 이 활동을 주도한 것은 한때 야훼 성전에서 제사를 담당하던 사람들, 왕궁에서 글을 다루던 서기 등이었던 것으로 보인다.

동시에 조국의 멸망을 겪은 사람들은 야훼가 자신들을 왜 곤경에 빠뜨렸는지 자문했을 것이다. 고대 서아시아에는 신, 즉 신상의 부재와 인간의 죄를 연결하여 생각했다. 성전의 상실과 바빌론 유수를 겪은 유다 사람들은 이것이 믿음을 저버린 대가라 여겼고, 다시는 그 실수를 반복하지 않기 위해 신의 명령, 즉 율법을 정리했을 것이다(결국 다시 뿔뿔이 흩어졌지만). 이 과정에서 왕국 시대에 활동한 예언자, 특히 적중률이 높은 예언자의 예언을 참조했다.

그리고 역사 속에서 신과 어떤 관계를 맺어왔는지 회고하고 반성하는 역사를 써나가게 되었다. 왕국 시대의 일부 기록은 열왕기를 통해 이미 왕국의 역사로서 정리되어 있었던 것으로 보이지만, 그것을 더 이전 시대까지 포함한 민족의 역사로 편찬하려 한 것이다. 거기에 민족의

---

13 신명기: 『히브리어 성서』의 '율법서' 중 다섯 번째 내용(171쪽 표 참조)이다. 율법을 지켜야 하는 이유를 모세의 설교 형태로 설명한다.

조상 아브라함, 이삭, 야곱에 대한 전승, 출이집트와 모세의 전승, 사사(士師, judge)[14]에 대한 전승, 예언자의 전승 등이 사용되었다. 이 과정에서 출이집트, 바빌론 유수의 역사를 다룬 역사서, 출이집트와 열왕기의 원형이 완성되었다고 보면 된다(사사기는 이후에 합쳐졌을 것이다).

신학 사상의 발전

정체성을 유지하는 장치

이 장대한 역사 이야기 속에서 야훼와 이스라엘 사람들은 배타적 언약을 맺는다. 그 후의 역사는 그들이 이를 어기고 다른 신들을 숭배하거나 '바르게' 숭배하지 않아 야훼의 분노를 샀으며, 그 분노가 바빌론 유수로 이어졌다고 이야기한다. 다만 여기서는 아직 야훼 이외의 신의 존재를 부정하지 않는 점에 주의해야 한다. 참고로 타국 왕의 궁정에서 출세한 이스라엘 출신 요셉의 이야기(창세기 37~50장)도 이 시대를 배경으로 한다.

---

14 사사: 기원전 12세기경, 이스라엘 민족이 이집트를 탈출하여 왕국을 건설하기 전까지 민족을 이끌었다는 세습 지도자의 총칭이다.

「백성들에게 곡식을 파는 요셉」, 피터르 라스트만 작(1612년, 아일랜드국립미술관 소장)

다만 바빌론 유수 시대에 갑자기 다양한 사상들이 나타나 문학 작품의 형태로 발전했다고 보기는 어렵다. 왕국 시대였던 기원전 8세기 말 북이스라엘 왕국이 멸망한 후 아시리아의 정복을 피한 유다 왕국의 지식인들은 그 이유를 깊이 고민했고, 아시리아의 종속국으로 번영을 누린 기원전 7세기와 바빌론 유수 시대에 이르러서는 여러 사상의 모태가 그 형태를 더욱 명확히 드러내게 되었다. 신과의 언약에 따라 남레반트 땅을 취득한다는 개념, 신의 축복은 그 언약의 위에 성립하며, 그것은 신의 명령에 순종하는 것을 전제로 하는 신학 사상이다. 하지만 이 사상으로 국가의 멸망과 유수를 설명하기에는 근거가 부족하다. 바빌론 유수 시대는 다양한 사상이 더욱 발전하고 강화된 시대였다.

예레미야서 4~10장과 성문서 중 하나인 애가에는 예루살렘의 파괴를 한탄하는 내용이 실려있다. 이것은 바빌론 유수 시대 극초기, 예루살렘의 영속성과 같은 왕국 시대 신학과 결별하고 새로운 상황에 대응하기 위해 내용이 집필되었을 것이다. 성경 속에서 자신들의 죄를 인정한 후, 그 죄(유수)가 너무 가혹하다고 신에게 호소한다. 예루살렘을 창녀로 묘사한 것은 바빌로니아와 이집트 사이에서 갈등하는 유수 직전의 정치적 상황을 신학적 관점에서 '간음'으로 간주한 데서 비롯되었다.

또한 왕국 시대에는 결코 불가능했을 왕정을 비판하는 내용(사무엘기[15] 상 8, 12장 등)도 이 시기에 있었던 일이다. 이러한 사상은 다윗 왕조의 존속을 조건 없이 약속하는 내용과 충돌하는데, 양측의 내용이 모두 남아 있는 것은 공동체 내에 양측의 입장이 있었다는 것을 시사한다.

성전의 부재를 전제로 한 내용도 이 무렵에 쓰였다. 열왕기상 8장에

---

15   사무엘기: 『히브리어 성서』에서 전기 예언서 중 하나로(171쪽 표 참조) 상권 31장, 하권 24장으로 이루어진 역사서이다. 이스라엘 왕국의 기원, 다윗 왕의 통치에 대한 내용이 담겨있다.

는 예루살렘에 성전을 건설한 솔로몬의 성전 봉헌 기도에 대한 내용이 있다. 그러나 22절 이하는 솔로몬이 신의 집으로 세운 성전에 야훼가 거하지 않고(27절), 오히려 하늘을 거처로 삼고(30절), 그 죄를 범한 민족이 "원수의 땅으로 잡혀가도"(46절), "잡혀간 원수의 땅에서도" 예루살렘의 "성전이 있는 쪽으로 기도"할 때(48절), 야훼가 그것을 들어 주시기를(49~50절) 간구했다고 말한다. 그것은 성전이 이미 없는 것, 사람들이 바빌로니아에 포로로 끌려간 것을 전제로 한 내용이다. 이것이 바빌론 유수 이전에 집필됐을 가능성은 없다.

3장에서 소개한 시편 137편에서 보았듯이, 수도 파괴와 약탈 이후 유수를 겪은 사람들은 자신에게 일어난 재앙이 바빌로니아인에게도 일어나기를 바라는 것처럼 보인다. 바빌론의 황폐화를 예고하는 이사야서 40장과 예레미야서 50~51장이 그러한 희망을 반영한다. '문학적 복수'라 할 수 있을 것이다. 하지만 실제로는 아케메네스 왕조 페르시아의 키루스 2세[16](재위 기원전 558~530년경)에 의해 바빌론이 무혈 개방(기원전 539년)되었으니, 이 내용이 예고한 일은 실현되지 않았다. 따라서 이 부분은 바빌론 유수 시대, 페르시아에 의한 바빌로니아 정복 전

---

16 키루스 2세: 아케메네스 왕조 페르시아의 건국자이다. 메디아, 리디아, 바빌로니아를 멸망시키고 제국의 기초를 다졌다. 성서에서는 바빌로니아로 포로들을 해방시킨 인물로 묘사된다.

에 집필되었다고 볼 수 있다.

십계 역시 바빌론 유수 시대에 정리되었을 것이다. 오늘날 역사 이야기 속에 등장하는 십계는 출이집트 직후, 이스라엘 사람들과 야훼가 언약을 맺었을 때(출이집트기 20장) 받은 것으로 되어 있다. 또 모세가 이스라엘 사람들을 이끌고 '약속의 땅'에 들어가기 직전, 거의 비슷한 십계가 등장한다(신명기 5장). 여기서는 안식일[17] 엄수를 매우 중요하게 생각하면서도, 고대 서아시아에서 중시한 제사에 대해서는 전혀 언급이 없다.

안식일 엄수와 남아의 할례[18] 관습, 식물 규정 등은 바빌로니아라는 대문명 속에서 수많은 이민족과 공생해야 했던 유다 민족의 정체성을 지켜주었던 것으로 보인다. 이러한 관습을 지키는 데 성전이나 제사는 필요하지 않았다. 이 관습은 이후에도 오랫동안 디아스포라(이산) 상황에 처한 그 자손들에게 보이지 않는 '보호벽'으로 기능했을 것이다. 여기서 확립된 다양한 규정은 후대 유대인들이 정체성을 지켜나가는 장치가 되었다.

---

17 안식일: 유대력 주의 마지막 날로, 금요일 일몰부터 토요일 일몰까지를 이른다. 이때는 일을 쉬고 유대교 회당인 시나고그에서 예배를 드린다.

18 할례: 남아의 생식기 일부를 절개 또는 제거하는 종교의식

유일신교의 모태

바빌론 유수 후 최초의 배타적 유일신교 사상 등장

제2차 바빌론 유수 후, 나보니도스(재위 기원전 556~539년)가 바빌로니아를 지배하던 시기에 동쪽 이란고원에서는 아케메네스 왕조 페르시아의 키루스 2세가 무서운 속도로 세력을 확장했다. 그는 기원전 550년, 이란고원을 두고 대립하던 대국 메디아를 멸하고 세력을 확장하며 바빌로니아를 위협했다.

이사야서 45:1~2는 이 인물에 대해 다음과 같이 말한다.

키루스 2세의 것으로 추정되는 무덤(이란 파사르가다에)

주께서 기름 부음 받은 자 고레스에 대해 이렇게 말씀하신다.

내가 그의 오른손을 잡아

온 세상 사람을 거느리게 할 것이니

왕들을 무방비 상태로 만들 것이다

그 앞에서 문이 열리면

어떤 문도 닫히는 일이 없을 것이다

나는 너보다 앞서가서 산들을 평지로 만들고

놋쇠 성문과 쇠빗장을 부술 것이다.

첫 줄에서 키루스는 주(야훼)에게 "기름 부음 받은 자"라 불리고 있다. 기름 부음은 왕이나 예언자를 임명할 때 이루어지는 의식으로 신의 인정을 상징한다. "기름 부음 받은 자"는 히브리어로 '마시아흐'라고 하는데, 그리스어 음역은 '메시아'이며 이에 대응하는 그리스어는 '크리스토스(그리스도)'이다. 이 단어는 시간이 흐르면서 사실상 '왕', '구주'를 뜻하게 되었다.

여기서 말하는 "기름 부음 받은 자"는 이방인인 키루스이다. 이 글이 기원전 539년 바빌론 정복 이전에 집필됐다는 것은 마지막 줄, "놋쇠 성문과 쇠빗장을 부술 것이다"라는 경고에서 상상할 수 있다. 앞에서 보았듯이, 바빌론은 키루스에게 무혈 개방되어 정복당했기 때문에 이 내용의 저자는 그 일이 있기 전, 바빌론 정복을 더 폭력적인 방식으로 묘사했을 가능성이 있다.

이사야서 40장 이후 내용은 기원전 8세기 후반~7세기 초에 집필된 이사야와 다른, 바빌론 유수 시대의 무명 인물이 집필한 것으로 추정되며 이를 구분하기 위해 '제2 이사야 전승'이라고 한다.

제2 이사야 전승에서는 이전과 달리 유일신 사상이 강조되었다. 예를 들어, 이사야서 45:5에 "나는 주다. 나 외에는 없다. 나 이외의 다른 신은 없다"라는 구절이 있다. 야훼는 스스로를 1인칭인 '주'라 칭하며 다른 신의 존재를 부정한다.

마찬가지로 바빌론 유수 시대에 완성되었다는 십계 제1계는, "나는 주, 너희를 이집트 땅, 노예로 있던 집에서 끌어낸 너희의 하나님이다. 너희는 나 이외의 다른 신을 섬길 수 없다"(신명기 5:6~7)이다. '너희는'이라고 분명히 말하고 있으므로 이스라엘 사람들이 숭배할 대상은 오직 야훼여야 한다는 명령이 맞지만, 다른 신의 존재를 부정하는 것은 아니다.

이처럼 여러 신 가운데 하나의 신만 숭배하는 신앙의 형태를 '유일신 숭배'라고 한다. 그러나 이사야서 45장에서는 '다른 신은 없다'라고 단언하므로 배타적 유일신교 사상이 반영되었다고 볼 수 있다. 유대교의 특징이기도 한 이 사상은, 앞의 글이 출현한 바빌론 유수 시대 초반에 등장했다.

야훼 이외의 신이 없다는 것은 야훼가 진정한 이 세상의 지배자이자 우주의 창조자라는 뜻이다. 야훼가 유일한 신이 됨으로써, 그동안 믿음이 약한 백성에게 벌을 내렸던 야훼가 이제는 재앙 자체를 창조하는 신이라는 인식이 더욱 강해졌다. 이사야서 45:7은 다음과 같이 이야기한다.

> 나는 빛을 만들고 어둠을 창조하며,
> 평화를 이루고 재앙도 일으킨다.
> 나 주가, 이 모든 것을 주관한다.

이처럼 야훼가 절대적인 신의 자리에 오르면, 타 민족의 지배자일지라도 그 지배를 허락하는 존재는 야훼밖에 없다는 논리가 성립한다. 키루스를 '기름 부음 받은 자'라고 한 것도, 창조자이자 온 땅의 지배자인 야훼가 그를 신의 대리자로 인정했다는 생각에서 비롯되었다.

바빌론 유수는 유다 사람들의 사상을 발전시키고 새로운 사상을 형성하는 데 큰 영향을 미쳤다. 물론 하루아침에 이루어진 것은 아니다. 왕국이 성립하기 이전의 역사와 전승, 그리고 바빌론 유수라는 사건 속에서 그 싹은 이미 움트고 있었다.

유다 포로들의 다양한 사상은 이처럼 복잡한 역사와 사회적 변화 속에서 형성되었고 훗날 히브리어 성서의 방향성을 결정했다. 그렇다면 다른 포로 집단은 어째서 히브리어 성서와 같은 것을 남기지 않았을까? 만족스러운 답은 아니지만 추측하건대, 유다 민족은 신을 단순히 숭배하는 데 그치지 않고, 눈에 보이는 형태로 율법을 실천함으로써 정체성을 지켰으며, 그 사상을 문서로 기록하여 잘 보존한 것으로 보인다. 또한 이후의 역사도 히브리어 성서와 유대교 형성에 큰 역할을 했다. 다음 4장에서 자세히 살펴보자.

제 4 장

후세에 미친 영향

유대인은
왜 핍박당했는가?

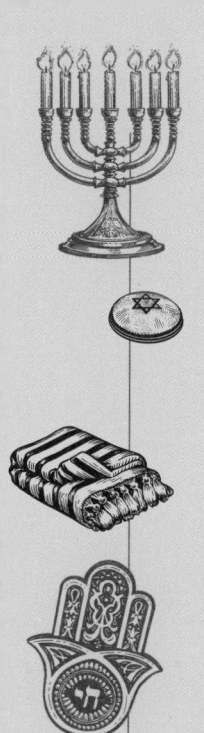
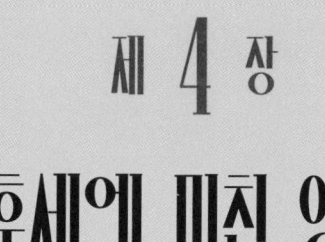
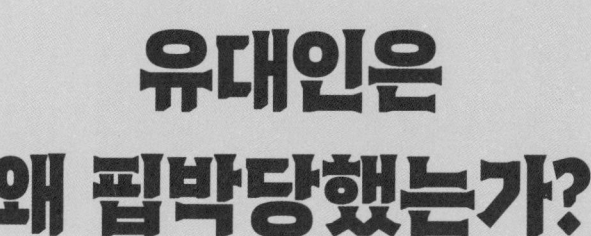

포로 생활에서 귀환
왕이 필요 없는 체제를 마련하다

아케메네스 왕조 페르시아의 왕 키루스 2세(재위 기원전 558~530년경)는 피지배자에게 비교적 관대한 정책을 펼친 듯하다. '키루스 실린더'라는 비문에는 키루스가 바빌로니아에 의해 약탈당한 신(상)들을 모두 제자리에 돌려놓고, 성전을 재건했으며 바빌로니아 포로들을 고향으로 돌려보냈다고 적혀 있다. 이 사료에 유다 사람들의 귀환이 직접 언급되지는 않지만, 실제로 일부는 예루살렘으로 귀환했기 때문에 어느 정도

키루스 실린더(대영박물관 소장)

는 키루스의 정책이 실제로 반영되었다고 보아도 될 것이다. 또 히브리어 성서 에스라기[1] 1장에도 키루스가 야훼의 영에 감동하여 예루살렘의 성전을 재건하라고 명했다는 내용이 있다.

기원전 539년 바빌론을 정복하면서 사실상 서아시아를 제패한 페르시아 제국은 지배 영역을 더욱 확장해나갔다. 키루스의 아들 캄비세스 2세(재위 기원전 529~522년)가 통치하던 기원전 525년에는 이집트를 정복하는 데 성공한다.

물론 귀환이 허용되었다고 해서 바빌로니아의 유다 포로들이 전부 귀환한 것은 아니다. 1차 바빌론 유수로부터 이미 2세대, 3세대가 지난 시점이었기 때문에 유다를 고향으로 여기는 사람은 거의 없었을 것이다. '알 야후드 문서'와 '무라슈 문서'에서 보았듯이 이미 바빌로니아 땅에 뿌리 내린 지 오래된 사람 중에는 무슨 일이 일어날지 모를 멀고 외진 시골에 사는 것을 망설이는 사람도 많았을 것이다.

그럼에도 귀환은 진행되었다. 에스라기 2장에는 노예들을 제외한 4만 2,360명이 귀환했다고 되어 있는데, 이 숫자는 과장된 것으로 보인

---

1 에스라기: 『히브리어 성서』의 '성문서'(171쪽 표 참조) 중 하나로 원래는 '느헤미야기'와 합쳐져 있었다. 강제 이주에서 귀환한 후 약 1세기에 걸쳐 진행된 예루살렘 성전의 재건, 그리고 율법 학자 에스라의 활동에 대한 내용이 총 10장에 담겨있다.

다. 바빌론 유수는 유다 왕국 주민 전체를 끌고 간 것이 아니었다. 오히려 대부분은 바빌로니아가 직접 지배한 옛 유다 땅에 남아 있었다.

이 내용이 나오는 역대지[2]를 살펴보면(역대지하 36:17~20) 유다 주민 전체가 포로로 끌려간 듯한 인상을 주는데, 이것은 포로가 된 지배층의 시점을 반영한 것이다. 자신들이 없는 유다 땅은 아무도 없는 '공백의 땅'으로 비쳤을 것이다. 유다 땅의 정통 상속자는 자신들이라고 생각한 것 같다. 그러나 이미 보았듯이 예레미야서 52:28~30에는 3차에 걸친 소규모 유수가 기록되어 있으며, 고고학 조사 결과에서도 유다가 '공백의 땅'은 아니었다는 것이 밝혀졌다.

페르시아 시대에는 바빌로니아에서 귀환한 사람들과 유다에 잔류한 사람들 사이에 갈등이 발생했다. 귀환한 옛 지배층은 왕국 시대에 조상들이 누렸던 지위를 배경으로 잔류한 사람들의 존경을 받으며 자신들의 주도로 새로운 공동체를 만들 수 있을 것이라 기대했다. 그러나 남아 있던 사람들에게는 세련된 바빌로니아 문화를 갖춘 그들이 이방인처럼 보였던 것 같다. 또한 토지 소유권 등을 두고 대립했을 가능성도 있다.

---

2 역대지: 『히브리어 성서』의 '성문서'(171쪽 표 참조) 중 하나이다. 상권 29장, 하권 36장으로 이루어져 있으며 최초의 인간 아담으로 시작되는 이스라엘 민족의 계보, 유다 왕국의 역사를 담고 있다.

바빌로니아에서 사람들이 귀환했을 때, 옛 북이스라엘 왕국의 수도 사마리아와 그 일대는 예루살렘보다 훨씬 발전한 상태였다. 사마리아 지역은 아시리아에 정복된 후 제국의 행정주가 되었고, 옛 수도 사마리아는 그 행정주의 중심이 되어 150년 동안 중요한 역할을 담당했다. 이 지역의 거주민은 옛 북이스라엘 왕국 사람들과 타 지역에서 강제로 이주해온 사람들 사이에 태어난 자손으로 추정되며 열왕기하 17:24~28(3장 참조)의 내용처럼 그들도 야훼를 숭배한 것으로 보인다.

바빌로니아에서 돌아온 사람들은 예루살렘에 야훼 성전을 짓고 성벽이 있는 도시로 만들려고 했으나, 이러한 시도를 사마리아의 지배층은 용납하지 않은 것 같다. 예루살렘의 도시화와 야훼 성전의 건설은 그들을 위협하는 새로운 세력의 등장으로 보였을 것이다. 사마리아인들도 기원전 5세기 그리심산에 야훼 성전을 건설했다. 이렇게 유다로 귀환한 사람들은 동포였던 잔류 주민들과 이웃 사마리아인, 그리고 기타 주변인들의 방해 속에서, 때로는 페르시아 제국의 권위를 이용해가며 예루살렘 성전을 건설한 것으로 보인다. 그 과정이 히브리어 성서 에스라기와 느헤미야기[3]에 자세히 실려있다.

---

3   느헤미야기: 『히브리어 성서』의 '성문서'(171쪽 표 참조) 중 하나이다. 총 13장으로 되어 있으며, 아케메네스 왕조 페르시아에 의해 파견된 유다 총독 느헤미야가 예루살렘 성벽을 재건하고 종교 개혁을 단행한 내용을 담고 있다.

모세 상(미켈란젤로 부오나로티, 산 피에트로 인 빈콜리 성당 소장)

이 시대도 히브리어 성서가 형성되는 데 중요한 의미를 갖는다. 예루살렘에 성전이 재건되고 야훼에게 지내는 제사가 다시 시작되었다. 그들은 사마리아와 구별되는 예후드의 공동체로 자립하기 위해 바빌론 유수 때 만들어진 여러 가지 법률을 책으로 엮었다.

새롭게 출범한 공동체에는 더 이상 왕이 존재하지 않았다. 페르시아 제국의 지배 아래서 어느 정도 자치권이 확보되어 왕이 필요 없는 체제가 마련된 것이다. 공동체의 정신적 지주는 새로 건설한 야훼 성전이었기 때문에 거기서 제사를 담당하는 제사장이 사회적으로도 중요한 역할을 했을 것이다. 율법과 그것을 전한 인물로서 모세의 중요성이 더욱 커진 것도 바로 이 시기였다.

유대교의 성립
그리스식 문화에 저항한 시대

유대교의 성립 시기는 유대교를 어떻게 정의하느냐에 따라 달라서 하나로 답하기 어렵다. 종교에도 교양, 신앙 체계, 문화·사회 체제 등 다양한 개념이 있기 때문에 연구자들의 의견도 제각각이다. 하지만 적어도 바빌론 유수 이전의 신앙 형태를 유대교로 보는 연구자는 없을 것이다. 앞에서 살펴보았듯이 그 이전까지는 배타적 일신교로서의 야훼 숭배였고, 포로 시대에 비로소 다른 신의 존재를 부정하는 유일신교적 요소가 전면에 부각되었기 때문이다.

또한 율법, 안식일, 음식물 규정 엄수 등 오늘날 유대교의 문화·사회적 특징을 나타내는 요소는 바빌론 유수 시대에 본격적으로 시작되어 페르시아 시대에 완전히 정착되었다. 따라서 바빌론 유수 이전의 야훼 신앙을 유대교라 하는 것은 무리가 있다. 그래서 일부 연구자는 바빌론 유수 이전의 신앙 체계를 '고대 이스라엘의 종교'라 표현하기도 한다.

야훼 숭배는 유대교의 조건 중 하나지만, 야훼를 숭배한다고 해서 모두 유대교로 분류하는 것은 아니다. 가령 사마리아의 그리심산에 성전을 건설한 사마리아 교단, 예수를 숭배하지만 그 신을 히브리어 성서의 신과 동일시하는 기독교인, 모두 야훼를 숭배하지만 유대교라 하지는 않는다. 바빌론 유수 시대부터 헬레니즘 시대까지는 히브리어 성서의 배경이 되는 신학 사상 및 유대교 형성에 매우 중요한 시기였다. 여기서는 편의상 헬레니즘 시대 이후 유대인의 신앙 체계를 유대교라 칭하기로 한다.

아케메네스 왕조 페르시아는 기원전 330년 마케도니아[4]의 알렉산드로스 대왕(재위 기원전 336~323년)에 의해 멸망했다. 예루살렘이 있는 남레반트는 기원전 333년 이소스 전투에서 알렉산드로스의 군대가 다리우스 3세(재위 기원전 336~330년)의 페르시아군을 물리치면서 사실상 알렉산드로스 세력의 지배를 받게 되었다. 헬레니즘 시대가 시작된 것이다.

헬레니즘 시대의 여러 가지 사건은 히브리어 성서의 완성에 큰 영향

---

4 마케도니아: 그리스 북부의 고대 왕국이다. 기원전 4세기 필리포스 2세가 그리스 전역을 제압하고 알렉산드로스 대왕(재위 기원전 336~323년)이 아케메네스 왕조를 멸한 후 인더스강 유역부터 그리스, 이집트까지 대제국을 일구었으나, 기원전 168년 로마와의 전쟁에서 패하여 멸망한 후 로마의 속주가 되었다.

을 미쳤다. 기원전 323년 알렉산드로스 대왕이 사망한 후, 남레반트는 북방 셀레우코스 왕조 시리아와 남방 프톨레마이오스 왕조 이집트, 즉 알렉산드로스의 후계자들이 세운 왕조의 분쟁 지역이 되었다. 기원전 198년, 5차에 걸친 전쟁 끝에 남레반트는 셀레우코스 왕조의 지배를 받게 되었다.

이 지역에 들어온 그리스 문화는 유대인에게도 큰 영향을 미쳤다. 그리스계 사람들이 대거 몰려와 각지에서 그리스식 도시가 건설되었고, 지배층은 주도적으로 그 문화를 받아들였다. 그 당시 그리스식 이름을 사용한 유대인들도 있었다.

기원전 175년 즉위한 셀레우코스 왕조의 안티오코스 4세(재위 기원전

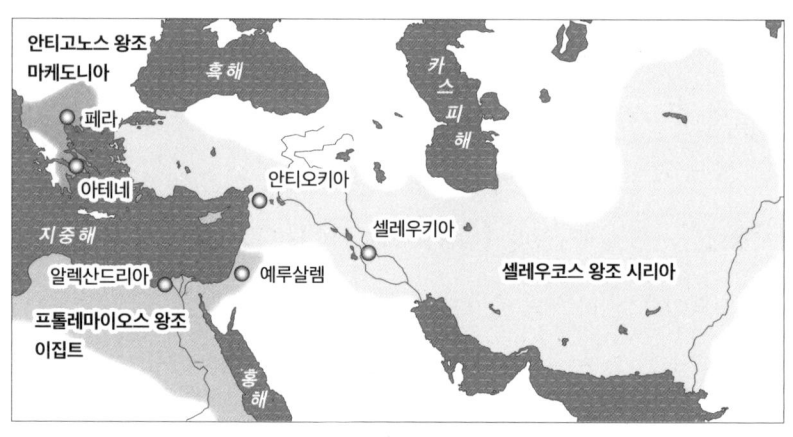

알렉산드로스 대왕 사망 후, 후계자들의 왕조

안티오코스 4세 상

175~164년)는 지배 지역의 그리스화 정책에 더욱 몰두했다. 그리스 신의 신상을 야훼 성전에 설치하고, 율법 실천을 금지했으며 이를 거역하는 유대인은 무자비하게 탄압했다. 대부분의 유대인은 격렬하게 반발하며 저항했다. 신앙을 지키다 순교자가 속출하자, 유대교에도 비로소 사후의 부활이라는 희망이 반영되기 시작했다(다니엘서 12:2~3). 순교가 두려워 율법을 저버리는 사람들을 촉구할 목적이었을 것이다.

기원전 167년 유대인들 사이에 반란의 기운이 확산되던 가운데, 유대 제사장 가문 하스몬가의 일원이 셀레우코스 왕조에 맞서 무장봉기를 일으켰다. 그리고 안티오코스의 탄압에 불만을 품고 있던 많은 유대인이 여기에 동참하게 된다.

셀레우코스 왕조는 진압에 나섰으나 결국 전쟁이 발발했고, 기원전 164년까지 이어진다. 이른바 '마카베아 전쟁'은 봉기를 주도한 유다의 별명 '마카바이오스(망치를 든 자)'에서 유래한 이름이다.

안티오코스가 동방 원정에서 돌아오는 길에 사망하자, 유대인들은 기세를 몰아 셀레우코스의 군대를 물리치고 기원전 164년 12월, 예루살렘을 탈환한다. 그들은 성전에서 이방 신의 제단과 신상을 없애고 정화했다. 하지만 그 후에도 셀레우코스 왕조와의 전쟁은 그치지 않았다. 셀레우코스 왕조와 결탁한 유대 내부 세력 때문에 대립이 길어졌고, 왕조 내에서 후계자 분쟁까지 겹쳐 혼란이 가중되었다. 결국 기원전 160년경, 하스몬가와 셀레우코스 왕조는 화해를 맺게 된다.

그 후에도 하스몬가 당주들은 왕조 내부의 권력 분쟁에 현명하게 대응한 대가로 야훼 성전의 대제사장직을 인정받는다. 그리고 기원전 141년, 하스몬가의 시몬(재위 기원전 142~135년)은 예루살렘의 요새에서 셀레우코스 왕조의 수비대를 몰아내고 자신의 궁전을 짓는다. 이로써 유대인은 약 450년 만에 이방인의 지배에서 사실상 해방되었다. 시몬의 2대손 아리스토불루스 1세(재위 기원전 104~103년)는 스스로 왕위에 올랐고 하스몬 왕조가 성립했다.

그러나 하스몬 왕조의 정통성에 항상 의문이 제기되었다. 그동안 대제사장직은 사독가 출신이 도맡아왔으며 왕위도 오직 다윗가에서 계승했기 때문에, 하스몬가가 그러한 자리에 오르는 것은 아무런 정통성을 띠지 못했다. 유대 사회는 하스몬가의 지배에 의문을 품었고, 더구나 왕들에게 독재자적 면모가 강하여 더욱 반감을 품게 되었다. 그러자 하스몬가는 그들을 숙청했고, 이윽고 반감은 한계에 달해 반란으로 이어졌다.

마카베아 전쟁은 원래 그리스식 문화에 대한 저항으로 시작되었으나, 셀레우코스 왕조로부터 독립한 시점에는 하스몬가 및 그들과 결탁한 귀족들도 오히려 적극적으로 그리스 문화를 받아들였다. 이것도 일부 독실한 유대인에게는 견디기 힘든 일이었을 것이다.

이러한 사회적 상황 속에서 당시 유대교 내부에서는 율법과 구원에 대한 여러 가지 견해가 등장했고, 각기 독자적 방식으로 발전해나갔다. 1세기의 유대인 역사가 요세푸스(37~100년경)는 사두개파, 바리새파, 에세네파를 유대교의 3대 유파로 꼽았다. 사두개파는 하스몬가에 동조한 제사장 계급으로서 부유층이 중심을 이루었다. 바리새파는 율법을 독자적으로 확장하여 해석했고 엄격히 실천할 것을 주장했다. 그들의 가르침은 민중의 지지를 얻었다. 참고로 바리새파는 신약성서에 예수의 적대 세력으로 자주 등장한다. 에세네파는 예루살렘 성전에서 지내는 제사의 정통성에 의문을 품었다. 그들은 인적이 드문 곳에 공동체를 만들어 은둔 생활을 했다. 일부 연구자는 이 시대에 여러 가지 유대교 유파가 있었다고 보고 있다.

로마는 서방으로 세력을 확장했고 기원전 63년 사실상 남레반트를 지배하게 되었다. 하스몬가는 대제사장직에 머무르지만, 왕의 칭호는 인정받지 못했다. 로마에서 카이사르[5]가 등장하자 하스몬 왕조 시대에 유대교로 개종한 이두매 출신 안티파트로스의 아들 헤롯[6](훗날 헤롯 왕)이 카이사르에게 접근했다. 로마의 적 파르티아[7] 쪽에 붙은 하스몬가에 맞서기 위해 로마 원로원은 그를 '유대 왕'으로 인정했다.

그 후 각지를 정복하고 예루살렘에 입성하여 명실상부 유대 왕으로

---

5   카이사르: 기원전 100~44년 고대 로마의 장군, 정치가이다. 기원전 60년 크라수스, 폼페이우스와 제1차 삼두정치를 결성했고, 갈리아(현 프랑스)를 평정한 후 독재 정치를 일삼아 공화정 지지자에게 암살되었다. 뛰어난 언설과 문필 능력으로 『갈리아 전기』 등의 역사서를 남겼다.

6   헤롯: 기원전 4?~4년. 로마의 종주권을 바탕으로 왕위에 올랐으며(재위 기원전 37~4년) 예루살렘 성전을 증축하고 극장, 궁전 등을 건설했다.

7   파르티아: 기원전 238년경 카스피해 남동부 해안에서 성립된 고대 이란 왕조이다. 최대 영역은 아나톨리아 동부부터 남레반트, 지금의 아프가니스탄까지이며 약 500년간 군림했다.

인정받은 헤롯은 하스몬가 이상으로 왕권의 정통성에 열등감이 있었다. 친족도 믿지 못했고 반란을 늘 감시했으며 가족은 물론 수많은 사람을 처형했다. 그는 예루살렘의 야훼 성전을 대대적으로 보수·확장하여 장엄하게 만든 것으로 알려진다. 그 외에도 수많은 건설 활동을 추진했는데 대부분 유대교 전통과는 거리가 먼 그리스·로마식 건축이었다. 건설 사업의 경제적 부담은 자연히 민중에게 돌아가 왕권의 정통성에 의문을 품고 있던 민중의 분노에 기름을 붓게 된다.

종말론과 기독교의 성립

유대교의 분파

이런 가운데 민중 사이에서는 '종말론'이 대두된다. 히브리어 성서에 깊이 뿌리내린 이 사상은 신에게 기름 부음 받은 자, 즉 메시아가 종말의 때에 나타나 이방 나라의 지배에서 유다 민족을 구원한다는 사상이다. 그러나 구원의 대상에 대한 견해는 제각각이었다. 옛날에는 출이집트 이야기처럼 민족 전체가 구원받는다고 생각했으나, 이제는 일부 의인들만 구원받을 것이라는 생각으로 바뀌게 되었다.

의인을 결정하는 기준은 유대교 내부에서도 일치하지 않았다. 바리새파는 율법을 철저히 실천해야 의인이라고 생각했고, 실수로라도 율법을 어기지 않기 위해 그 내용을 확대하여 해석했다. 가령 히브리어 성서의 신인 야훼의 이름을 입에 담지 않는 것도 이러한 확대 해석의 일환이었다. 십계 중에 "너희는 너의 하나님, 주의 이름을 함부로 불러서는 안 된다. 주께서는 그 이름을 함부로 부르는 자를 벌하신다"(출이집트기 20:7)라는 구절이 있다. 원래는 주술 등에 신의 이름을 이용해서는 안 된다는 의미였겠지만, 당시 사람들은 이 계명을 확대하여 해석했고, 계명을 어기지 않기 위해 신의 이름을 입에 담지 않게 된 것이다.

오늘날 히브리어 성서는 '야훼'를 '주'로 번역하고 있는데, 이것은 헬레니즘 시대에 정착된 그리스어 번역의 관습에 기인한다. 당시에 이미 신의 이름을 직접 언급하지 않았음을 알 수 있다. 결국 그 이름의 정확한 발음은 잊히고 말았다. '야훼'라는 독음은 언어학적 추측에 따른 발음이다.

예수가 유대인으로 태어나 성장한 1세기 초, 유대 사회는 로마 제국과 손잡은 헤롯 왕가의 폭정을 견디며 다가올 종말을 간절히 기다렸다. 예수는 당시 주류 유대교와 달리, 틀에 박히고 과장된 율법의 해석보다 그 본질에 주목했다. 예수의 눈에 신의 지배는 이미 현실로 비쳤

군중에게 설교하는 예수를 그린 「산상수훈」, 카를 블로흐 작

다. 그의 사상에 따르면, 신의 지배는 피조물에게 매일 양식을 내려준 다는 사실에서 이미 구체성을 띠고 있었다. 이 사상은 히브리어 성서 시편 후반부에 수록된 시에도 나타난다. 또한 율법 실천이라는 기준에 따라 구원받을 사람이 구별된다고 생각한 당시 유대교 분파들의 종말론을 탈 구축할 가능성도 있었던 것 같다.

이후 예수의 제자들이 메시아라 믿었던 예수의 처형을 경험하고 그 사건을 히브리어 성서의 사상에 비추어 해석하려 애쓰면서, 예수의 죽음을 인류의 속죄로 이해하는 사상이 새롭게 탄생한다. 이것은 예수 자신의 사상과는 대조적이었다. 이것이 훗날 유대교에서 갈라져 나온

「사도 바울」, 렘브란트 반 레인(1657년경)

기독교의 시작이다. 그러나 제자들은 여전히 기존 유대교의 종말론 사상으로 예수의 죽음을 이해했기 때문에 곧 예수가 메시아로 재림할 것이라 기대했다.

얼마 후 등장한 바울[8]은 이 사상을 더욱 보완했다. 그는 율법의 중요성을 강조하면서 예수를 믿으면 의인이 될 것이라고 주장했다. 당시로서는 혁신적이었던 그의 주장으로 이제는 유대인뿐 아니라 예수를

---

8 바울: 1세기에 활동한 기독교 사도이다. 원래 유대교인으로서 기독교인을 탄압했으나, 회심하여 기독교 전도에 여생을 바쳤다.

믿는 이방인도 구원받을 수 있다고 여기게 되었다. 하지만 동시에, 율법을 지키지 않아도 믿음만 있으면 구원받을 수 있다는 교리를 기독교에 정착시킨다. 어쨌든 기독교는 이렇게 유대교와 결별하고 완전히 독립된 종교가 된다.

히브리어 성서의 결정

세상 어디서든 그 책을 따라 살아간다

한편 유대교 역사에도 중대한 전환점이 찾아왔다. 66년에 유대인들은 로마 제국에 맞서 대규모 반란을 일으켰고, 엄청난 기세에 로마군도 한동안 고전을 면치 못했다. 그러나 70년, 로마군은 마침내 예루살렘을 함락시키고 성전에 불을 질렀다. 로마군 지휘 사령관 티투스(39~81년, 황제 재위 79~81년)는 당시 예루살렘 성전에서 보물을 약탈하여 운반했던 모습을 개선문에 부조로 새기도록 지시했다. 이후에도 유대인 잔존 세력이 로마에 저항했으나, 73년 사해 인근의 요새 마사다가 함락되면서 이 전쟁은 막을 내린다.

전쟁 후 유대인은 새로운 상황에 직면했다. 페르시아 시대에 재건된

티투스의 개선문 부조로, 예루살렘 성전에서 약탈하는 모습을 묘사했다.

이래, 제사 및 정신적 지주로서 중요한 기능을 한 야훼 성전을 잃게 된 것이다. 그러나 유대인은 한때 조국과 성전의 상실을 이겨낸 경험, 그리고 바빌론 유수 시대를 함께한 경험 덕분에 이를 이겨낼 수 있었다.

다만 민족의 지침으로 삼을 성서의 범위를 결정해야 하는 문제가 남아 있었다. 페르시아, 특히 헬레니즘 시대 이후 각종 문헌이 집필되었기 때문이다. 그중에는 헬레니즘 시대의 사상이 깊이 반영된 것도 있었다. 마카베아 전쟁을 다룬 '마카베오기'도 이 시기에 집필된 것이다. 사상이 서로 충돌하는 문헌도 있어서, 그것을 모두 성서에 넣으면

『히브리어 성서』의 구성

율법서, 예언서, 성문서로 구분되며 이 순서에 따라 성서가 배열되어 있다. 이것은 각 내용이 성립한 순서이기도 하다.

율법서 『토라』		
⊙ 창세기　⊙ 출이집트기　⊙ 레위기　⊙ 민수기　⊙ 신명기		
예언서 『네비임』		
전기 예언서	⊙ 여호수아기　⊙ 사사기　⊙ 사무엘기　⊙ 열왕기	
후기 예언서	3 대예언서	⊙ 이사야서　⊙ 예레미야서　⊙ 에스겔서
	12 소예언서	⊙ 호세아서　⊙ 요엘서　⊙ 아모스서　⊙ 오바댜서 ⊙ 요나서　⊙ 미가서　⊙ 나훔서　⊙ 하박국서　⊙ 스바냐서　⊙ 학개서 ⊙ 스가랴서　⊙ 말라기서
성문서 『케투빔』		
⊙ 시편　⊙ 잠언　⊙ 욥기　⊙ 아가　⊙ 룻기　⊙ 애가　⊙ 전도서 ⊙ 에스더기　⊙ 다니엘서　⊙ 에스라기/느헤미야기　⊙ 역대지		

사해 근방 동굴에서 발견된 『히브리어 성서』 사본 묶음 일부(사해 문서)

훗날 대립을 불러일으킬 것이 분명했다. 1세기 말 그들은 정전(正典)으로서의 『히브리어 성서』를 결정했다. 이때 『히브리어 성서』에 들어가지 못한 문헌도 많다. 유대교에서 제외한 문헌 중 일부는 기독교에 '외전'으로 수용되기도 했다.

유대교인은 전 세계 어디서든 책의 내용에 따라 살아갈 수 있게 되었다. 이때까지는 바빌로니아에 남은 포로들의 자손 외에도 로마 제국 각지에 유대인 공동체가 있었는데, 그들은 한 가지의 히브리어 성서를 유지하며 그 율법에 따라 정체성을 지켜나갔다. 또한 구전 율법으로 전해지던 미슈나[9]가 책으로 편찬되었고, 여기에 학자들이 논의와 해설이 추가되어 탈무드[10]가 완성되었다. 현재도 유대교인들은 그 내용을 반드시 실천하려고 노력한다.

또한 그동안 제사 없이 율법 학습과 예배의 장소로 이용되어 온 회당(시나고그)은 예루살렘 성전을 잃고 디아스포라가 된 상황에서 예배의 중요한 거점으로 발전했다.

---

[9] 미슈나: 히브리어로 '반복'이라는 뜻으로 유대교 지도자들의 율법 해석, 논의를 정리한 문서로 3세기경 집대성되었다.

[10] 탈무드: 히브리어로 '학습', '연구'라는 뜻이다. 기원전 2~5세기에 활동한 유대교 지도자들의 율법 해석을 정리한 문서로 '미슈나'와 해석본 '게마라'로 구성된다.

기독교 세계와 유대인

기독교인에게는 이질적이었던 유대교의 관습

로마 제국은 유대교를 전통 종교로 공식 인정했다. 안식일을 지켜야 하는 유대교인은 병역을 거부했고, 각 도시에서 개최되는 로마 전통 신들의 축제에도 참여하지 않았다. 그들은 권력자에게 뒤에서 로비를 펼치는 식으로 다양한 면제 특권을 미리 손에 넣었다. 그런 유대교인들을 눈엣가시로 여긴 로마인들은 박해와 학살을 일삼았다.

기독교도 처음에는 박해의 대상이었으며, 303년 디오클레티아누스 황제(재위 284~305년) 때는 그 정도가 절정에 달했다. 그러나 313년 콘스탄티누스 대제(재위 306~337년) 시대에 공식 종교로 인정되었고, 392년 테오도시우스 황제(재위 379~395년) 시대에는 로마의 국교로 지정되어 점차 신도 수를 늘려갔다. 그 후 유럽을 석권한 게르만족과 슬라브족에게 수용되면서 훗날 동서 유럽의 주요 종교가 되었다.

중세 서유럽에는 기독교를 바탕으로 봉건제도가 침투했다. 유대인은 봉건제도에서 제외되었기 때문에 대부분의 국가에서 토지 소유가 금지되었다. 유대인들은 주로 수공업이나 상업에 종사하며 생계를 이어갔고, 일부는 금융업에서 돌파구를 찾았다. 당시 기독교인들은 이자

「안토니오를 거절하는 샤일록」, 리처드 웨스톨 작(1795년)

거래가 금지되었기 때문에 유대인을 통해 자금을 조달했다. 또한 지중해 곳곳에 흩어진 유대인 공동체를 기반으로 원격 무역망을 형성하여 경제적 기반을 다지는 이들도 나타났다.

셰익스피어의 작품 『베니스의 상인』에 탐욕스럽고 냉정한 유대인 고리대금업자로 등장하는 인물 샤일록은, 전형적인 유대인 고리대금업자의 이미지로 우리에게 익숙하다. 매우 차별적으로 묘사된 그 캐릭터는 당시 영국 기독교인이 생각하는 전형적인 유대인 금융업자의 모습이 반영된 것으로 보인다.

유럽의 유대인 정책은 차츰 변화했다. 그들의 경제 활동이 나라에 이득이 된다고 판단된 시기에는 보호를 받기도 했다. 예를 들어 신성 로마 황제 프리드리히 1세(독일 왕 재위 1152~1190년, 황제 재위 1155~1190년)는 1157년 유대교인의 특권을 재확인하는 문서를 발행했다.

한편 일반 기독교인들은 할례와 안식일, 음식 규정, 여러 가지 축제 등 눈에 보이는 형태로 기독교인과 다른 관습을 지키는 유대교인에게

로마에 남아 있는 16세기 구 유대인 거주 지역의 분수

매우 이질감을 느꼈다. 그들은 금융업으로 부를 쌓은 유대인에게 원한을 품기도 했고, 국경을 넘나들며 네트워크를 구축하는 모습을 보며 적과 내통한다고 생각하기도 했다.

이러한 불신과 원한은 이내 폭력으로 발전했다. 여러 가지 헛소문이 나돌기도 했다. 예를 들어 '유대인은 어린아이의 피로 마술 의식을 한다, 유대인이 전염병 유행에서 살아남은 이유는 우물에 독을 풀어서이다' 같은 이야기였다. 이러한 근거 없는 소문 때문에 유대인들은 박해를 당하게 되었다. 특히 십자군이 시작된 11세기 말 이후, 유대인에 대한 적개심은 극에 달해 집단 학살로 이어졌다. 도시 내부에 거주 구역을 설정하거나 나라 밖으로 추방했고 기독교 개종을 강요하기도 했다.

하지만 개종한 유대인도 차별적 시선에서 자유로울 수는 없었고, 때로는 이단 심문에 회부되어 처형당하기도 했다. 유럽 사회에 완전히 동화된 존재로 인정받지 못한 소수자인 유대인을, 사회 불안에 빠진 민중은 무자비한 공격의 대상으로 삼았다. 영국과 스페인은 유대인을 추방했고 이탈리아는 게토라는 유대인 거주 지역을 도시에 설정하여 그들을 차별했다.

근대 이후의 유대인 탄압

탄압의 원인은 정체성을 유지하는 체제!?

이러한 상황은 16세기에 일어난 종교 개혁 이후에도 변함이 없었다. 가톨릭을 강력하게 비판한 마르틴 루터[11]도 처음에는 유대교인이 기독교로 개종할 것이라 생각한 듯하다. 하지만 생각대로 되지 않자, 갑자기 유대인을 비판하기 시작했고 유대인은 복음을 들을지라도 그것을 믿지 않는다고 비난하는 내용의 문서를 발행했다.

근대에 들어서면서 계몽사상의 영향으로 상황은 다소 변화한다. 인권과 평등주의 사상이 싹트면서 유대인들을 정치·사회적으로 해방시키고, 그들에게 다른 시민들과 동등한 권리를 부여하여 각국의 사회에 통합되게 하려는 움직임이 일어났다. 하지만 한편으로는 민족주의적인 국민국가 이념도 강해져 유대인은 이 두 사상 사이에서 번민하게 된다. 이 시기 각국의 유대인 공동체는 해방을 위한 존재 방식을 다시 고민하게 되었다.

근대 국민국가가 성립하면서 유대인과 유대교인 개개인은 자신이

---

11 마르틴 루터: 1483~1546. 독일의 종교 개혁가이자 신학자이다. 가톨릭교회의 권위주의와 부패를 비판하며 종교 개혁을 추진했다. 인간은 신앙을 통해서만 구원받을 수 있다고 주장하며 성서를 유일한 근거로 삼았다.

민족적으로 유대인인지, 아니면 단지 유대교를 믿는 종교적 유대교인인지를 판단해야 하는 문제에 직면하게 된다. 이러한 사회적 움직임 속에 어떤 유대인은 시민권을 얻고, 어떤 유대인은 계속해서 박해의 대상이 되었다. 시민권이 있어도 사람들은 늘 유대인에게 의심스러운 시선을 보냈다. 1894년의 '드레퓌스 사건'은 당시 유대인을 둘러싼 프랑스 사회의 상황을 상징적으로 나타낸다. 프랑스 육군 대위였던 유대인 드레퓌스(1859~1935년)가 확실한 증거도 없이 스파이 누명으로 체포되어 유죄를 받은 사건이다.

수백 년간 어려운 상황이 지속되었음에도 각지에 흩어져 살던 유대인들이 정체성을 잃지 않은 이유는, 바빌론 유수 이후 이를 지키기 위한 체제를 마련했기 때문이다. 아이러니하게도 이 체제는 그들이 탄압의 대상이 되는 데 일조한 측면도 있었다.

히브리어 성서의 에스더기는 유대인 탄압의 기원을 디아스포라에서 찾는 작품으로, 헬레니즘 시대 디아스포라에서 성립된 것으로 추정된다. 페르시아 제국의 왕이 '왕의 법'을 따르지 않았다는 이유로 유대인 학살을 명령하지만, 유대인 왕비 에스더의 용감한 행동 덕분에 왕이 명령을 철회했다는 내용이다. 당시 유대인들에게는 그러한 학살이 실제로도 있어날 수 있다는 불안이 있었기 때문에 이러한 이야기가

예루살렘의 유대교인 성지 '통곡의 벽' 앞에서 기도하는 유대인들

만들어졌을 것이다. 이 시대에 이미 유대인들은 탄압의 원인이 정체성을 유지하는 체제에 있다고 생각한 것이다. 이후 유럽 각지에서 실제로 그들이 겪은 박해도 유대인들은 충분히 예상한 일이었다.

결국 그 후에도 반유대주의(반셈족주의)는 사라지지 않았고 그것이 나치스 독일의 반유대주의적 홀로코스트로 이어졌다. 홀로코스트로 인하여 당시 유대인 인구의 절반, 어쩌면 그 이상이 학살되었을 것이라는 이야기가 전해진다.

한편 이런 반유대주의에 대한 반동으로 시오니즘 운동이 시작되었

「통곡의 벽」, 구스타프 바우에른파이트 작(1887년)

다. 반유대주의가 고조되는 것을 목격한 테오도르 헤르츨(1860~1904년)은 1896년 『유대 국가』라는 저서를 통해, 전 세계에 흩어진 유대인 문제를 해결하려면 유대인 국가를 건설하는 길밖에 없다고 설파했다. 그 결과 1897년에 '시온주의자 의회(The Zionist Congress, 1960년에 세계 시온주의자 의회/The World Zionist Congress로 명칭 변경)'가 설립되어 유대인의 남레반트 이민이 추진되었다.

이렇게 시작된 시오니즘 운동은 20세기에 들어 더욱 활발해졌고, 1948년 유대인 국가 이스라엘이 건설되며 결실을 맺었다. 이후 이스라엘은 세계 각지에서 수많은 유대인을 받아들이며 인구를 모았고, 그 결과 국가로서의 존재감을 나타내게 되었다.

마치며

바빌론 유수는 유대교의 근본적 사상에 결정적인 영향을 미쳤다. 그렇다면 현재 유대교에서는 이 일을 어떻게 기억하고 있을까?

유대교인의 결혼식에 가면 신랑(최근에는 신부와 함께하기도 한다)이 오른발로 유리잔을 밟아 깨는 관습을 볼 수 있다(깨진 컵의 파편이 흩날리지 않도록 알루미늄 포일로 감싼 상태로 밟는다). 그 기원은 일설에 따르면, 결혼식처럼 기쁜 순간에도 (바빌로니아와 로마에 의한 두 번째) 예루살렘 성전 붕괴를 잊지 않기 위함이라고 한다. 진위야 어떻든, 바빌론 유수가 지금까지 유대교인에게 중요한 일로 기억되고 있으며 앞으로도 계속 기억되리라는 것만은 확실하다.

또 신앙심이 깊은 일부 유대교인은 '티샤 베아브(Tisha B'Av)'라는 축일에 단식을 하는데, 이 축일도 바빌론 유수라는 비극과 관련이 있다. 이처럼 유대교인에게는 바빌론 유수를 기억하려는 의지가 여전히 남아 있다.

다만 컵을 밟아 깨는 행위는 바빌론 유수보다 바빌로니아군에 의해 파괴된 야훼 성전을 기억하려는 의미가 더 강한 것이 아닌가 싶다. 이 사건을 현대 이스라엘에서는 '제1성전의 파괴'라고 한다. 바빌로니아에 의해 파괴된 것은 솔로몬이 예루살렘에 건설했다는 성전인데, 그것을 페르시아 시대에 재건한 '제2성전'과 구별하기 위해 '제1성전'이라 부르기 때문이다.

그만큼 유대교에게 중요한 의미가 있는 야훼 성전이 70년에 로마군에 의해 상실된 지 1950년이 지난 지금도 재건되지 않고 있다. 당시 성전이 있던 자리는 현재 이슬람의 알 아크사 모스크가 오랫동안 자리하고 있어서, 그것을 파괴하고 유대교 성전을 재건하는 일은 사실상 불가능하다. 지금도 수많은 유대교인이 당시 야훼 성전 벽 일부가 노출

된 장소인 '통곡의 벽'에서 성전의 재건을 간절히 바라며 기도한다. 이 부분의 벽돌은 헤롯 대왕이 쌓은 것으로 전해진다.

필자도 여러 차례 이곳을 방문했고 여기서 한마음으로 기도를 올리는 유대교인들의 모습을 보았다(실제로 어떤 기도를 했는지는 알 수 없다). 개인적으로는 유대교에게 성전은 더 이상 필요하지 않다는 생각이 들었다.

유대교는 2000년 동안 성전과 제사가 없었다. 그 세월은 성전이 실제로 있었던 기간보다 훨씬 길다. 동시에 바빌론 유수 시대 이후 디아스포라의 땅에서 오랫동안 정체성을 유지하게 해준 율법도 이제는 별로 중요하게 여기지 않는 것 같다. 게다가 요즘 시대에 동물을 희생시키는 제사가 부활하면 어떤 동물보호단체에서 가만히 있겠는가.

이스라엘은 1948년 건국된 후 총 네 차례에 걸쳐 중동전쟁을 치렀다. 그곳에 사는 유대인은 주변이 온통 적대국으로 둘러싸인 지금도 자신의 정체성을 한층 더 굳건히 다져가는 느낌이다. 전 세계에 흩어져 살던 시대와 달리, 이스라엘이라는 실제 국가 안에서는 율법 실천 등으로 자신의 정체성을 지킬 필요가 없다고 생각할 수 있다. 이스라엘에 사는 필자의 지인 중에는 율법을 실천하지 않는 유대인도 많다.

이스라엘 밖의 유대교인들도 마찬가지이다. 가치관이 변하면서 종교적 믿음도 서구 세계에서 점차 사라지고 있다는 뜻 아닐까(물론 예외도 있다). 그런 세계에서 유대교인, 유대인으로서 살아가는 의미를 찾는 데 어려움을 느끼는 사람도 있을 것이다. 실제로 유대인과 비유대인이 결혼하는 경우가 적지 않고, 그러한 커플에게서 태어난 아이는 유대인으로 자라지 않는 경우가 비일비재하다.

이러한 경향이 심화될수록 디아스포라에서 유대인의 정체성을 지켜주던 율법과 바빌론 유수의 역사적 의의도 점차 잊힐 것이라 생각한다.

과학이 발달한 21세기에도 태풍과 집중 호우, 화산과 분화, 지진, 지진해일 같은 자연재해 앞에서 인간은 한없이 무력하다. 필자가 사는 일본에서는 금세기 이후에도 이러한 자연재해가 수없이 발생했다. 그러한 재해가 집과 재산, 소중한 사람을 앗아갈 때, 인간은 슬픔과 절망에 짓눌린다. 자연재해만이 아니다. 전쟁도 수많은 사람을 슬픔과 절망의 구렁텅이에 빠뜨린다. 그러나 인류는 재난, 전쟁과 같은 재앙이 닥칠 때마다 미래를 향해 일어서는 힘을 역사 속에서 보여주었다. 무려 2600년 전에 일어났던 바빌론 유수도 당시에는 하나의 재앙이었다. 포로들에게는 절망의 시작이었으나 돌이켜보면 지금까지 이어지고 있는 희망의 시작이기도 했다. 포로들은 재앙의 이유를 깊이 고민하고 거기서 교훈을 찾아 밝은 미래를 그려나갔기 때문이다.

현대 유대인이 정체성을 잃어간다고 해서 바빌론 유수가 한때 세계사에서 했던 역할이 잊히는 일은 없을 것이다. 그것은 히브리어 성서라는 인류의 문화유산과 유대교, 기독교, 이슬람교로 이어지는 유일신교적 사상을 낳았다. 설령 세상에서 이 종교들이 다 사라진다 해도 히브리어 성서는 남을 것이며 그 연구는 앞으로도 활발해질 것이다. 히브리어 성서는 과거를 진지하게 마주하며 행복한 미래를 그려가던 사람들의 유산이기 때문이다.

하세가와 슈이치

참고문헌

市川裕編著『図説ユダヤ教の歴史』河出書房新社、二〇一五年

上村静『旧約聖書と新約聖書 「聖書」とはなにか』新教出版社、二〇一一年

河合望『古代エジプト全史』雄山閣、二〇二一年

コリンズ、B.・J.『ヒッタイトの歴史と文化 紀元前2千年紀から紀元前1千紀にかけて』リトン、二〇二一年

柴田大輔・中町信孝編著『イスラームは特殊か 西アジアの宗教と政治の系譜』勁草書房、二〇一八年

シュミート、K.『旧約聖書文学史入門』教文館、二〇一三年

月本昭男『詩篇の思想と信仰Ⅵ』新教出版社、二〇一八年

日本オリエント学会編『古代オリエント事典』岩波書店、二〇〇四年

長谷川修一『聖書考古学 遺跡が語る史実』中央公論新社、二〇一三年

長谷川修一『謎解き 聖書物語』筑摩書房、二〇一八年

長谷川修一『旧約聖書 〈戦い〉の書物』慶應義塾大学出版会、二〇二〇年

ビエンコウスキ、P.、ミラード、A.編著『大英博物館版 図説古代オリエント事典』(池田裕・山田重郎監訳)東洋書林、二〇〇四年

前田徹他『歴史学の現在 古代オリエント』山川出版社、二〇〇〇年

山我哲雄『聖書時代史 旧約篇』岩波書店、二〇〇三年